文明的和谐与共同繁荣

北京论坛二十周年精华集

北京大学北京论坛秘书处 编

北京论坛 BEIJING FORUM
20th 2004-2023

北京大学出版社
PEKING UNIVERSITY PRESS

图书在版编目(CIP)数据

文明的和谐与共同繁荣.北京论坛二十周年精华集/北京大学北京论坛秘书处编.—北京:北京大学出版社,2023.10

ISBN 978-7-301-34341-8

Ⅰ.①文… Ⅱ.①北… Ⅲ.①社会科学—文集 Ⅳ.①C53

中国国家版本馆 CIP 数据核字(2023)第 163362 号

书　　　名	文明的和谐与共同繁荣——北京论坛二十周年精华集 WENMING DE HEXIE YU GONGTONG FANRONG——BEIJING LUNTAN ERSHI ZHOUNIAN JINGHUAJI
著作责任者	北京大学北京论坛秘书处　编
责任编辑	武 岳
标准书号	ISBN 978-7-301-34341-8
出版发行	北京大学出版社
地　　　址	北京市海淀区成府路 205 号　100871
网　　　址	http://www.pup.cn
新浪微博	@北京大学出版社　　@未名社科-北大图书
微信公众号	北京大学出版社　北大出版社社科图书
电子邮箱	编辑部 ss@pup.cn　　总编室 zpup@pup.cn
电　　　话	邮购部 010-62752015　　发行部 010-62750672 编辑部 010-62753121
印 刷 者	涿州市星河印刷有限公司
经 销 者	新华书店
	650 毫米×980 毫米　16 开本　17 印张　彩插 4 页　202 千字 2023 年 10 月第 1 版　2023 年 10 月第 1 次印刷
定　　　价	108.00 元(精装)

未经许可,不得以任何方式复制或抄袭本书之部分或全部内容。
版权所有,侵权必究
举报电话:010-62752024　电子邮箱:fd@pup.cn
图书如有印装质量问题,请与出版部联系,电话:010-62756370

| 文明的和谐与共同繁荣 |

2003年9月,时任韩国高等教育财团总长金在烈和时任北京大学校长许智宏签署北京论坛合作协议

2004年,首届北京论坛开幕式在人民大会堂举行

2015年,北京论坛系列高端演讲嘉宾科菲·安南在北大发表演讲

2019年,北京论坛高端顾问委员会第一次会议在论坛举办期间召开

2020年1月,世界经济论坛——北京论坛专场

COMMEMORATING THE 20TH ANNIVERSARY OF BEIJING FORUM: SELECTED KEYNOTES

2011 年，北京论坛之夜——北京大学中国音乐学社专场文艺演出

2012 年，北京论坛学生论坛代表合影

文明的和谐与共同繁荣

2022年，在北京大学和北京论坛的积极支持下，中意慈善论坛第二期合作备忘录签署仪式在北京论坛举办期间举行

2022年，北京论坛与会学者代表合影

COMMEMORATING THE 20TH ANNIVERSARY OF BEIJING FORUM: SELECTED KEYNOTES

2016 年，北京论坛开幕式在北京钓鱼台国宾馆举行

文明的和谐与共同繁荣

COMMEMORATING THE 20TH ANNIVERSARY OF BEIJING FORUM: SELECTED KEYNOTES

分论坛（2011）教育传承与创新

文明的和谐与共同繁荣

分论坛（2013） 中国与世界环境保护四十年：回顾、展望与创新

分论坛（2016） 中国与全球治理：国际组织与国际机制的作用

分论坛（2017） 全球时代的城市价值、治理和可持续发展

2011年，北京论坛系列文明对话——轴心文明的对话（左为杜维明，右为罗伯特·贝拉）

2019年，北京论坛参会嘉宾韩国SK集团全球董事长崔泰源（中）、韩国崔钟贤学术院院长朴仁国（右）与参会代表交流

编 委 会

主　　编：翟　崑
副 主 编：严　军　李　昀
执行主编：邱茫茫　马　岚
编　　委（按姓氏笔画排列）：

　　　　　　山川枝子　王凯华　王耀正　田孟轩
　　　　　　吕婉琴　朱洁媛　刘　萌　李　琳
　　　　　　杨紫茵　肖雪梅　赵馨宇　殷金琦
　　　　　　韩易菲　韩晶晶

在传承中创新　在互鉴中共进
促进文明的和谐与共同繁荣

在时间长河中,人类社会创造了璀璨多样的文明,在漫长岁月中不断生发、碰撞、交融、延续,滋养着人类的心灵,推动着时代的进步。当前,世界之变、时代之变、历史之变正以前所未有的方式展开,人类社会再次站在十字路口,构建人类命运共同体是当今时代的迫切需要。只有在传承中创新,在交流中互鉴,人类的文明炬火才能生生不息,为人类破解时代难题、实现共同发展提供强大的精神指引。

21世纪之初,一批北大的前辈学者带着对人类前途命运的深切关怀、对人类文明前景的深邃思索,于2004年倡议创办了首届北京论坛,并极富远见地将论坛总主题确定为"文明的和谐与共同繁荣"。20年来,在中华人民共和国教育部和北京市政府的指导与支持下,由北京大学、北京市教育委员会和韩国高等教育财团、韩国崔钟贤学术院联合主办的这一国际学术盛会,已经成为北京大学持续时间最长、规模最大、影响力最广的学术品牌活动,迄今已有来自世界80多个国家及地区的7000多位名流政要和知名学者参加了这一盛会。

20年来，国际形势和学术研究热点虽然发生了很大的变化，但是关于"文明的和谐与共同繁荣"的主题却历久弥新。在世界百年未有之大变局中，这一主题的影响力、感召力愈发凸显，文明的传承创新、交流互鉴已经成为国际社会共同关注的核心议题。

"传承"是对文明根基的保护，是对历史的敬意。每一种文明都延续着一个国家和民族的精神血脉，有着自己独特的魅力，是国家和民族的根与魂。习近平总书记指出，中华文明具有连续性、创新性、统一性、包容性与和平性五个突出特性。这是中华文明有别于其他文明的独特性，这种独特性就是在文明的传承中完成的。没有传承就没有中华文明绵延至今的连续性，没有传承就没有中华文明超强的凝聚力、强烈的归属感和顽强的生命力。守正不守旧、尊古不复古，人类新的思想也不断在传统文明的沃土中发芽，在传承中发展，在发展中创新，始终给人类解决新的时代课题提供智慧和力量。北京论坛的20年，同样是在这样的薪火相传中，以思想争鸣与学术探索播撒"文明的和谐与共同繁荣"的理念。

"互鉴"是对彼此的包容。"海纳百川，有容乃大。"国际社会是人类的大家庭，每个国家和民族的文明都有其独特魅力和深厚底蕴，都是人类的精神瑰宝，共同构成了多姿多彩的世界。不同文明之间深入交流、互学互鉴，才能为文明的发展提供源源不断的动力，创造百花齐放的美好未来。开放、包容也是中华优秀传统文化的核心和精华。中华文明始终以开放、包容的姿态同世界其他文明开展交流互鉴，吸收世界文明的先进要素，形成了"和合与共"的价值取向。20年来，北京论坛秉持"各美其美，美人之美，美美与共，天下大同"思想，尊重文明的多样性，坚持跨学科、跨地域、跨文明的交流互动，坚持立足北大，面向世界，推动全球学者在交流与探索中迸发全新的思想光芒。

大学是人类文明的结晶，是文明传承创新的重要载体和交流互鉴的桥梁纽带。20年来，一大批北大学者活跃在北京论坛，他们主动设置议题、发表观点、深入交流，在世界学术舞台上发出北大声音、发出中国声音，集中代表和体现了当代北大学者的学术水准和人文关怀，充分展现了北京大学的全球责任和时代担当。

面向未来，大学要更加积极主动推动文明之间的真诚对话，互学互鉴、合作共赢，为世界高等教育的发展和人类文明的交融注入新动能，增添新活力，贡献新智慧。要持续扩大教育对外开放，敞开怀抱，拓宽国际教育交流与合作的深度、广度和厚度，以教育交流增进人文交往、科技合作，促进各国文明既各美其美，又美人之美，推动国际社会在求同存异中携手共进，积极构建人类命运共同体。要牢牢把握数字时代新机遇，抓住人才培养这一根本任务，提升青年学生的国际理解能力和跨文化沟通能力，为人类未来培养更多彼此信任、善于对话、善于合作、具有全球引领力的拔尖创新人才。

千载回眸，纵观古今，正如2004年首届北京论坛宣言所言，"尽管历史上有过许许多多冲突和战争，但文化在友好的氛围中交流，文明在和平的环境中交汇，这些始终是人类社会进步的动力源泉和根本保证"。从孕育而生到弱冠之年，北京论坛20年的发展历程，是学术交流之旅，是文化交融之旅，是文明交往之旅，众多有识之士在论坛中激荡智慧火花，为促进世界和平发展贡献思想的力量。回首历史，我们满怀温情与敬意；展望未来，我们期待继续携手同行，在北京论坛"文明的和谐与共同繁荣"的主题下，交流学术洞见，增进民心相通，让人类文明在接力传承中隽永弥新，在互学互鉴中欣欣向荣！

北京大学党委书记、校务委员会主任　郝　平

北京大学校长　龚旗煌

2023年9月

文明的和谐与共同繁荣
文明互鉴的"北京论坛模式"

2023年3月，习近平总书记在中国共产党与世界政党高层对话会上，面向世界首次提出全球文明倡议，引发国内外广泛关注。习近平总书记用四个"共同倡导"对全球文明倡议的主要内容进行概括，即共同倡导尊重世界文明多样性、共同倡导弘扬全人类共同价值、共同倡导重视文明传承和创新、共同倡导加强国际人文交流合作。

北京论坛所坚持的推进全球文明互鉴的"北京论坛模式"与之不谋而合。这一模式可以概括为三张名片，即北京大学引领全球大学交流合作网络构建的"国际学术名片"、北京市引领国际化都市建设的"城市文化软实力名片"，以及中国引领全球文明倡议的"文明互鉴名片"。

第一，北京大学以北京论坛为平台，构建起一个高等教育国际交流合作网络，汇聚世界各地高校代表，推动了全球范围内的跨国、跨学科的交流与合作，引领了高等教育的发展，也为解决全球性问题提供了多元的视角。这张"名片"体现了北京大学在推动人文、社会科学与自然科学互动结合、引领全球大学交流合作网络构建方面的学术影响力。

第二，北京市多年来大力支持北京论坛的举办，北京论坛也致力于探讨与城市发展相关的议题，汇聚全球智慧为首都建设提供智力支持。这张"名片"展现了北京市在世界文明交流互鉴中的重要地位和开放包容的文化魅力。

第三，北京论坛坚持开放包容、推动世界文明交流互鉴的理念，与全球文明倡议的核心精神高度契合。北京论坛以开放的学术胸怀，聚集全球智慧，传播共同价值，成为中国推动世界文明交流互鉴的重要平台。这张"名片"彰显了中国推动构建人类命运共同体的担当与作为。

北京论坛"三张名片"的协同效应，展现了中国在推动世界文明进步方面的积极作为与独特魅力，为中国提供了一个在全球舞台上阐释自身理念、贡献共同福祉的重要窗口。

北京大学引领全球大学交流合作网络构建的"国际学术名片"

北京论坛沿袭并创新了北大学以致用的传统。北京大学作为北京论坛的扎根之地，与论坛相辅相成、共同发展。北京大学凭借丰厚的学术底蕴、悠久的发展历史、良好的国际声誉和赤诚的天下情怀，使北京论坛在燕园这片沃土扎根深植，与北京论坛坚守的"文明的和谐与共同繁荣"宗旨相得益彰，相互促进。北大是中国近现代第一所国立综合性大学，始终与中华民族共命运，与时代同进步。五四运动发源于北京大学,马克思主义也通过北大的校园传播到中国大地。李大钊关于青春的思想反映了北大以文明化育天下的特点。1916年,27岁的李大钊写下《青春》:"吾愿吾亲爱之青年,生于青春死于青春,生于少年死于少年也。……进前而勿顾后,背黑暗而向光明,为世界进文明,为人类造幸福,以青春之我,创建青春之家庭,青春之国家,青春之民族,青春之人类,青春之地球,青春之宇宙,资以乐其无涯之生。"李大钊用青春将人与宇宙,世界文明与人类幸福连接在一起。2004年8月23—25日,首届北京论坛在人民大会堂隆重召开。首届论坛即以前瞻眼光和敏锐的问题意识率先提出"文明的和谐与共同繁荣"的主题,此后该主题成为北京论坛的永久主题与终极目标。首届北京论坛发布的宣言宣示了论坛的创办宗旨与目标:"尽管历史上有过许许多多冲突和战争,但文化在友好的氛围中交流,文明在和平的环境中交汇,这些始终是人类社会进步的动力源泉和根本保证。"20年来,北京论坛已成为北大学者进行国际学术交流的主场,为北大学者提供了设置国际议题,发表权威观点,把握学术话语权的平台,提高了北大的国际学术影响力。值得一提的是,韩国崔钟贤学术院是北京大学的长期战略合作伙伴,对北京论坛的创办和多年来的顺利举办发挥了关键性的作用。韩国崔钟贤学术院的长期投入,为论坛的顺利启动和有序运营提供了坚实保障。

北京论坛创建了跨学科的全球大学交流合作网络。自2005年开始,北京论坛设置了大学校长圆桌会议和教育分论坛,为海内外高校提供平等交流的平台,使来自不同地域、不同类型和不同规模的大学能够分享彼此的经验和智慧,共同应对面临的挑战和机遇,推动高等教育的改革和创新,履行在全球治理中的责任。迄今为止,北京论坛吸引了300多位国内外知名大学校长的参与。本书"大学的责任"部分,呈现了来自东京大学、牛津大学、加州大学洛杉矶分校和剑桥大学的四位校长的主旨报告发言。时任东京大学校长小宫山宏作主旨报告时强调:"在推动全球可持续发展时,我们应该牢记一个关键词——文化多样性。"针对文明的和谐发展问题,他提出大学应发挥知识结构化、通过知识创新驱动社会变革、充当社会实验基地和保持文化多样性四种作用,即通过知识的整合应用来解决复杂的全球问题,与社会各界合作进行知识创新,将校园作为可持续发展的实验基地,并在全球化过程中保持文化多样性。时任剑桥大学校长杜思齐则在主旨报告中强调,面对全球性的挑战,"我们需要背景、观点和专业知识的多样性,而这些只能通过平等的、开放的伙伴关系来实现"。2018年是北京大学建校120周年,当年的北京论坛以"变与不变:120年来全球大学与世界文明"为主题,邀请来自世界各地的知名大学校长和学者百余人,共同探讨全球高等教育的发展和大学之间的合作交流。时任国务院副总理孙春兰在开幕式上指出,北京论坛对于深入探讨大学的改革发展、促进国际交流合作具有重要的意义。该次论坛邀请了来自44个国家和地区的261所高校代表参与,从发达国家到发展中国家、从欧美到亚非、从国立传统强校到私立新兴高校,北京论坛作为全球大学交流合作网络平台的重要意义得到了与会大学校长的肯定和赞扬。莫斯科大学校长维克多·萨多夫尼奇(Viktor Sadovnichy)表示,北京大学在中俄教育交流历史中发挥了重要作用,期待北京大学为世界高等教育交流与发展作出新的贡献。各位大学校长展示了他们对高等教育的变化的体会和思考,提出了开放办学、注重协作等理念。

北京论坛促进了以人文、社会科学连接的跨学科探索。首届论坛通过的宣言强调了人文、社会科学的学问、成果和学者对于人类社会进步的重要性。北京论坛将人文、社会科学的各个学科领域纳入讨论范围,特别是对教育、历史、哲学、国际关系等重要学科领域给予高度重视。在此基础上,北京论坛通过不断演进的跨学科方式探讨不同环境下的"文明的和谐与共同繁荣"。北京大学以其广泛的学科领域和学术实力,为论坛提供了丰富的议题和学术资源,也为解决现实问题提供了新的思路和方法。正如前牛津大学校长科林·卢卡斯在主旨报告中指出的,当我们遭遇现代性困境时,我们应该寻求大学的引导。他强调,大学应通过理性的判断和证据,对现代化进程中出现的各种问题给出相对中立和非价值判断的解释,以此引导社会处理现代与传统之间的关系,实现文明的和谐发展。美国加州大学洛杉矶分校校长毕杰恩也在主旨报告中提出,大学需要合作,利用知识创新来解决全球性问题。北京论坛还逐步纳入理工、医学等领域内与人类文明和发展相关的重大问题。2022年的北京论坛以"共创人类文明的未来:信任、对话与合作"为主题,下设的分论坛涵盖了多个领域和学科。这种跨国、跨组织的交流促进了不同学科之间的对话和合作,为应对全球性挑战提供了多元化的视角和解决方案。北京大学人工智能研究院院长、北京大学讲席教授朱松纯在同年的北京论坛主旨报告中探讨了人工智能的发展可能会对人类文明产生何种影响，呼吁世界范围内人文、社会科学、医学、工科等各个领域的学者共同探讨人机共存的智能时代下人类将面临的各种新课题。

北京市引领国际化都市建设的"城市文化软实力名片"

北京论坛厚植于北京市的国际文化底蕴。北京论坛体现了北京市的文化承载力、文化吸引力、文化包容力、文化创新力。北京论坛以北京市的国际化发展为依托，充分发挥北京市对外文化交流的窗口作用，促进了北京市的城市发展和国际形象塑造。北京市作为中国的政治、文化、国际交往和科技创新中心，拥有深厚的学术底蕴和优秀的人才资源，为北京论坛提供了广泛支持和可持续发展的动力。北京市的支持、北京大学的学术力量和燕园的人文氛围，以及城市的历史文化底蕴和现代化形象，助力北京论坛形成了强大的国际影响力和极高的学术价值。20年来，众多北京市党政领导同志都曾出席北京论坛开幕式并发表致辞，体现了北京市对北京论坛的高度关注与大力支持。时任北京市副市长赵凤桐在2008年北京论坛上表示，北京论坛倡导"文明产生力量、和谐带来兴旺"的文化理念，……影响日益扩大，声望逐渐升高，社会作用日益显现，既促进了海内外人文、社会科学领域的交流对话与合作，又提升了北京学术交流的水平和品位，还为北京城市文化建设与高等教育事业的发展作出了积极的贡献。时任北京市委常委、教育工委书记夏林茂在 2022 年北京论坛致辞中指出，北京市已成为世界各国文明交流互鉴的重要窗口，依托北京的文化底蕴，北京论坛发挥着促进文化交流的桥梁作用，推动了中外文明的对话与合作，体现了北京开放的胸怀和国际化的愿景。他期待，依托北京论坛的对话平台，各国学者能不断增进彼此的了解和友谊，共同为世界发展和人类未来贡献智慧。时任国务院总理李克强在致第十一届北京论坛的贺信中表示，经过 10 年努力，"北京论坛"已成为具有影响的中外学术交流平台，希望与会代表通过回顾传统、分享现实、共展未来，碰撞出更多促进不同文明交融互鉴的思想火花。

北京论坛为首都建设提供智力支持。论坛每年都会设立与北京市城市发展和建设密切相关的议题并积极建言献策，促进了北京市的对外开放和国际化大都市建设，推动了首都教育、科技、文化事业的发展。北京论坛对构建和谐的城乡关系、和谐社会与治理机制、人口与区域发展、健康安全与保障、环境、气候、能源、人类遗产、全球时代的城市价值、治理和可持续发展等议题都进行了深入研讨。这些议题涵盖了城市发展和建设中的关键问题，为首都的发展提供了丰富的思想资源和政策参考。例如，2006 年北京论坛设立了"全球传播、媒介与创意产业"分论坛，探讨了创意产业作为知识经济核心支柱的重要性，并反映了一些变革的内涵。2008 年北京论坛设立了"奥林匹克精神与世界和谐"分论坛，为绿色奥运、科技奥运、人文奥运三大理念注入了更加深刻的文化内涵与人文精神，充分展示了北京独特的人文魅力和文化底蕴。2010 年北京论坛设立了以"构建和谐的世界城市"为主题的分论坛,邀请了全球城市和区域发展研究领域的专家、学者和管理者,从和谐的角度探讨了世界城市的发展,并从国际分工与国际关系的调整、人与环境关系的调整等视角提出了新途径、新方法和新模式。此后,论坛还涉及如下议题:城市转型、世界城市精神传承、城镇化、大都市圈的和谐发展与共同繁荣、面向新型城镇化的社会—生态基础设施建设、新型城镇化——国际经验和中国道路、世界文明中的巨型城市与区域协同发展、生态安全与生态城市等。这些议题广泛且具有前瞻性,为首都的发展,也为中国式现代化的北京样本,提供了丰富的学术意见和政策参考。

北京论坛塑造了北京国际化大都市的形象。从国际传播的角度看,北京论坛在塑造北京市国际化大都市形象方面,形成了"全球智慧汇聚北京,北京思想传播全球"的模式。从时间维度看,北京论坛成长的20年,也是北京迅速成长为全方位的国际化大都市的20年。北京论坛为北京市国际文化中心建设提供了主场平台,夯实了现代北京建设的全球文明基底。从空间维度看,北京论坛汇集了全球智慧,而全球智慧又由北京发出。以北京为节点,以全球大学平台为连接,北京论坛将北京嵌入全球文明互鉴的网络,并成为全球文明互鉴的高地之一。这一方面强化了北京市建设中国国际化大都市的特色,另一方面也强化了北京市作为全球公共知识产品的角色。当有些国家以霸权的形式推行其价值观的时候,当传统西方工业文明发展导致生态危机的时候,当有些国家过度强调物质、商业和市场利益的时候,国际社会更需要中国提供能够解决这些问题的新的公共知识产品。北京论坛以长期主义精神，倡导平等、互鉴、对话、包容，这有利于世界不同文化的国家、地区、群体摒弃文化偏见，在文化多样性的基础上促进全人类的和谐共生、共同发展和持续繁荣。本书"文明的对话"和"共同的挑战"两部分，聚焦平等对话、全球协作的主题，选取了12篇知名学者在北京论坛开幕式上的主旨发言。北京大学哲学系教授汤一介提出，不同文明之间应当相互尊重、平等对话，以推动文明之间的交流与发展。他在批判性地分析塞缪尔·亨廷顿的"文明冲突论"的基础上，倡导"文明共存论"，并分析了儒家的"和而不同"思想和道家的"无为"思想对实现文明共存的积极意义。北京大学的袁行霈、楼宇烈及叶朗等教授也在主旨报告中从中华文化的视角出发，介绍了中华文化中所蕴含的对实现世界和谐发展、平等协作具有重要价值的思想和价值观。例如，袁行霈教授从中华文明的历史经验出发，提出文明发展的五点启示：选择和平、和谐，选择包容，选择开明，选择革新，选择开放，并指出这对当今世界文明的发展具有重要意义。不同文明只有在平等开放的基础上，才能实现对话和交流；不同文明应互相尊重、和谐共存、寻求沟通，以实现共同发展。

中国引领全球文明倡议的"文明互鉴名片"

2023年3月15日，习近平总书记在中国共产党与世界政党高层对话会上，系统阐述了中国共产党关于探索现代化道路的认识，首次提出了全球文明倡议。全球文明倡议立足世界百年未有之大变局，推动破解人类共同面临的各种挑战，彰显了新时代中国对人类前途命运的深入思考与责任担当。北京论坛秉承"文明的和谐与共同繁荣"的核心理念，与全球文明倡议的精神高度契合。

北京论坛形成了文明互鉴的模式。中华人民共和国国务院原副总理钱其琛在首届论坛上的主旨报告中提出："进入 21 世纪，人类社会正在经历一场深刻的变革。科技进步日新月异，经济全球化迅猛发展，国与国之间相互交往不断增加，相互依存日益加深。在新的历史条件下，如何实现各国的和谐相处，通过国际合作，有效应对各种新的问题和挑战，实现共同发展与繁荣的目标，成为国际社会共同面临的新课题。"

每届论坛在"文明的和谐与共同繁荣"总主题下，都有一个具体主题，论坛发展大致经历了四个阶段。第一个阶段：构筑北京论坛的学术基底（2004—2008）。前五届论坛均围绕共同主题，探讨了文明的和谐与共同繁荣的关系、东西方文明、文明方式、人类文明的多元发展模式、文明的普遍价值和发展趋同等宏大命题，为论坛构筑了坚实的学术基底。第二个阶段：国际金融危机背景下的文明解困之道（2009—2011）。在 2008 年爆发国际金融危机的背景下，接下来的几届论坛主要围绕文明互鉴对于应对危机和变化的作用展开探索。第三个阶段：人类命运共同体视角下的文明互鉴（2012—2016）。2012 年党的十八大召开，首次提出"要倡导人类命运共同体意识"，中国迈入实现"两个一百年"奋斗目标的新征程，接下来的几届论坛多聚焦于中国与世界的关系、国际秩序和全球治理等展开，为走出去战略、"一带一路"倡议等提供理论和政策建议。第四个阶段：百年未有之大变局背景下文明与繁荣的反思与应对（2017—2022）。世界正经历百年未有之大变局，尤其是中美关系面临严峻考验，世界又遭遇新冠全球大流行、俄乌冲突等严重冲击，给"文明的和谐与共同繁荣"这一主题带来巨大挑战并推动形成深刻反思。北京大学教授钱乘旦指出，经济全球化进程中出现的各种问题，呼吁重建价值体系，重新确立人类共同的道德和精神支柱。他强调："人类的文明从来就是百花齐放的，尊重别人，就是尊重自己。"北京大学教授王缉思分析了当代世界政治的发展趋势，提出四点看法：一是经济全球化带来了非传统安全问题和发展不平衡等负面影响；二是各种宗教势力和民族主义正在复苏；三是世界的权力中心、财富中心和发展驱动力正在发生转移；四是国际规则和秩序正在经历重大变革。在这样的国际政治背景下，"中国将扮演一个更为活跃的角色，即维护现存的合理秩序和国际准则，改革不完善、不合理的旧规则，倡导并参与制定新的规则"。

北京论坛的实践与全球文明倡议的四个"共同倡导"完全契合。第一，北京论坛体现了"尊重世界文明多样性"。北京论坛作为一个开放、包容的学术平台，强调文明交流互鉴的多样性。学者们不仅关注东西方文明的对话，还特别关注不同地区文明的交流，如论坛曾设立"伊斯兰与儒家文明的对话"分论坛。论坛鼓励学者们在对话中展示自己国家和民族的独特文明，彰显各自文化的价值。诺贝尔经济学奖获得者阿马蒂亚·森曾以"我们的全球文明"为题在论坛上发表主旨演讲，批判了亨廷顿的"文明冲突论"。第二，北京论坛体现了"弘扬全人类共同价值"。北京论坛的学术对话着眼于全球共同价值，探讨各国人民共通的理想和价值观。论坛曾多次举办"中美核心价值对话"分论坛，旨在寻求共同价值的最大公约数。这种对话不是为了将某种价值观强加于人，而是通过交流和借鉴各自的经验，直接、广泛、持久地传播"和平、发展、公平、正义、民主、自由"等全人类共同价值。第三，北京论坛体现了"重视文明传承和创新"。全球文明倡议鼓励"充分挖掘各国历史文化的时代价值，推动各国优秀传统文化在现代化进程中实现创造性转化、创新性发展"。北京论坛通过对历史、人类学、社会学等人文、社会科学学科的研究，强调文明传承与创新的重要性。北京论坛还特别注重中华文明的价值传承，强调在继承中发扬、在创新中发展本国的传统文化，使古老文明在新时代焕发生机与活力。北京大学哲学系教授楼宇烈阐述了中国文化中以人为本的人文精神。他着重阐释了中国文化强调自我完善、礼仪规范，重视"和""仁"等理念。中国文化以人为本的人文精神，强调人的主体性并使人警惕不要成为物欲的奴隶。第四，北京论坛体现了"加强国际人文交流合作"。全球文明倡议强调加强国际人文交流合作是实现文明共通与共赢的关键。北京论坛致力于构建全球文明对话合作网络，通过加强人文交流合作，推动文明交流互鉴。论坛的多元性使得各国学者可以平等交流，兼收并蓄，实现共同进步。本书"变化的世界"部分，选取了七篇来自政治/国际政治、经济、自然科学等多个领域的主旨报告，围绕世界变化趋势和全球文明合作的主题，提供了多样的视角和思想。北京大学教授林毅夫的主旨报告围绕"一带一路"等中国的对外开放倡议与举措展开，他认为这些倡议与举措不仅有利于中国自身的发展，也将促进世界各国的共同发展与繁荣。

北京论坛推动青年文明共同体的建设，特别关注学术新生力量的培养和发展。自2010年起，论坛开始设立"青年学生论坛"，并发表了《北京论坛青年学生宣言》。"青年学生论坛"采用向全世界青年发表倡议的形式，切合"我们是世界的青年"这一主题；倡议内容从自身行动出发，拓展到日常生活及对他人的影响，如从倡议校园内的环保行动，推及走出校园、服务社会，乃至不同文明的融合，并上升到人与自然的和谐共处，最后号召青年们树立"世界公民"意识。这是全球优秀青年学生代表交流、讨论的结晶，体现了这一代青年对于社会发展勇于担当的态度和决心。北大学生邀请来自全球知名大学的学生广泛讨论了"世界青年""文化传承""全球治理与全球变革""生物多样性保护""全球化的未来"等议题。在此精神影响下，北大的青年活动向两个方面延伸。一个是向外，即建立与外部世界的联系。2018年，北京大学研究生会与北京大学全球互联互通研究中心组织有关人士在北大建校120周年之际推出了《"一带一路"青年命运共同体》一书，该书总结了北大青年参与"一带一路"建设的"知—行—创"模式。一个是向内，即让全球青年了解中国。北京大学的学生发起并筹办了北京论坛每年的旗舰活动"全球青年中国论坛"，致力于为全球顶尖高校的广大优秀青年学子提供交流中国问题的平台。

在各国前途命运紧密相连的今天，不同文明包容共存、交流互鉴，在推动人类社会现代化进程、繁荣世界文明百花园的过程中具有不可替代的作用。论坛以推进文明对话与交流互鉴为己任，立足不同文明包容共存、交流互鉴的理念，坚信在推动人类社会现代化与繁荣世界文明的进程中，文明的彼此包容、共同价值的相互弘扬、文明的传承和创新发展以及国际人文交流合作的日益紧密具有不可替代的重要作用。因此，北京论坛也成为中国引领全球文明倡议的文明互鉴名片。

北京大学区域与国别研究院副院长、北京大学国际关系学院教授

翟 崑

2023 年 9 月

目录

第一部分　文明的对话

"文明的冲突"与"文明的共存"　汤一介　003
我们的全球文明　阿马蒂亚·森　027
中华文明的历史启示　袁行霈　037
一个多元与多重文明的世界　彼得·卡赞斯坦　049
中国文化中以人为本的人文精神　楼宇烈　061
文明的多样性与现代化的未来　钱乘旦　073

第二部分　变化的世界

当代世界政治发展趋势与中国的全球角色　王缉思　089
在不同前行速度下保持和谐　杨荣文　099
互联互通让21世纪走向繁荣　金立群　107
"一带一路"与自贸区——中国新的对外开放
　倡议与举措　林毅夫　113

互信、合作与全球的善治　俞可平　121

科学、文明与人类未来　韩启德　129

世界文化秩序变革之中的儒学哲学　安乐哲　139

第三部分　共同的挑战

中国传统文化中的生态意识　叶朗　147

当今时代危机中的生命文化　尤尔根·莫尔特曼　155

明智的伦理选择——安全穿越生存瓶颈的唯一指南　潘文石　165

变化的世界与人类的未来——能源、经济、气候难题

　彼得·霍伊　177

正确认识和把握碳达峰、碳中和　杜祥琬　185

文明的走向——迈向人机共生的智能时代　朱松纯　195

第四部分　大学的责任

文明的和谐发展与大学的角色　小宫山宏　213

发挥大学的作用——协调传统与现代之间的关系

　科林·卢卡斯　221

高等教育——促进国际理解的动力　毕杰恩　229

在动荡时代建筑桥梁——全球大学的角色　杜思齐　237

后记　245

Contents

Part I Dialogues on Civilizations

"Clash" and "Coexistence" of Civilizations   003
Yijie Tang

Our Global Civilization   027
Amartya Sen

Historical Revelations from the Chinese Civilization   037
Xingpei Yuan

A World of Plural and Pluralist Civilizations   049
Peter J. Katzenstein

The Person-Centered Humanistic Spirit in Chinese Culture   061
Yulie Lou

The Diversity of Civilizations and the Future of Modernization   073
Chengdan Qian

Part II The Evolving World

Trends of Contemporary World Politics and China's Global Role   089
Jisi Wang

Maintaining Harmony while Moving at Different Speeds   099
George Yong-Boon Yeo

Prosperity for the 21st Century through Connectivity   107
Liqun Jin

BRI and FTZs: China's New Opening-up Initiatives and Approaches   113
Yifu Lin

Mutual Trust, Cooperation, and Sound Global Governance   121
Keping Yu

Science, Civilization, and the Future of Humanity   129
Qide Han

Confucian Philosophy in a Changing World Cultural Order   139
Roger T. Ames

Part III   Shared Challenges of Mankind

Eco-Consciousness in Chinese Traditional Culture   147
Lang Ye

On a Culture of Life in the Dangers of This Time   155
Jürgen Moltmann

Wise Ethical Choices: The Only Safety Guide through the Survival Bottleneck   165
Wenshi Pan

The Changing World and the Future of Humankind: The Energy-Economy-Climate Conundrum   177
Peter Høj

*An Accurate Comprehension of Carbon Peak and Carbon
    Neutrality*   185
Xiangwan Du

*A Trend of Civilization: A Smart Era of Human-Machine
    Coexistence*   195
Songchun Zhu

Part IV   Responsibilities of Universities

*The Harmonious Development of Civilizations and the Role
    of Universities*   213
Hiroshi Komiyama

The Role of Universities: Reconciling Tradition and Modernity   221
Colin Lucas

Higher Education as an Engine of International Understanding   229
Gene D. Block

*Building Bridges in Times of Turbulence: The Role of Global
    Universities*   237
Stephen Toope

Afterward   245

第一部分
文明的对话

北京说坛

Yijie Tang

"文明的冲突"与"文明的共存"

汤一介
（1927—2014）
中国当代著名哲学家，曾任北京大学哲学系教授、中国哲学暨文化研究所名誉所长、中央文史研究馆馆员。

一、"文明的冲突"论与"新帝国"论

1993年，美国《外交事务》（*Foreign Affairs*）杂志（夏季号）发表了塞缪尔·亨廷顿（Samuel P. Huntington）的《文明的冲突?》一文。我于1994年撰写了《评亨廷顿的〈文明的冲突?〉》（刊于《哲学研究》1994年第3期），批评了以亨廷顿为代表的美国"霸权主义"，在此期间中外许多学者都对亨廷顿的理论从各个角度进行了讨论或提出了批评。1996年，亨廷顿为了回答外界对他的批评，补充和修正了他的某些观点并出版了《文明的冲突与世界秩序的重建》一书。可以看出，他的某些观点有所改变，例如他在中文版"序言"中说："在人类历史上，全球政治首次成了多极的和多文化的。"在"文明的共性"一节中，他说："一些美国人在国内推行多元文化主义，一些美国人在国外推行普世主义，另一些美国人则两者都推行。美国国内的多元文化主义对美国和西方构成了威胁，在国外推行普世主义则对西方和世界构成了威胁。它们都否认西方文化的独特性。全球单一文化论者想把世界变成像美国一样。美国国内的多元文化论者则想把美国变成像世界一样。一个多元文化的美国是不可能的，因为非西

方的美国便不成其为美国。多元化的世界则是不可避免的，因为建立全球帝国是不可能的。维护美国和西方需要重建西方认同，维护世界安全则需要接受全球的多元文化性。"虽然这段话也还有一些可商榷处，但他提出"维护世界安全则需要接受全球的多元文化性"，应该说是比较明智的考虑。亨廷顿的观点有这样的变化，正是因为他感到在世界范围内西方（实际上是美国）的"霸权"地位受到了挑战和威胁，而美国国内又受到"种族"等问题的困扰，因此他提出了"世界秩序的重建"问题。在该书"西方的复兴？"一节中，亨廷顿说："西方与所有已经存在过的文明显然是不同的，因为它已经对公元1500年以来存在着的所有文明都产生了势不可当的影响。它开创了在世界范围内展开的现代化和工业化的进程，其结果是，所有其他文明都一直试图在财富和现代化方面赶上西方。然而，西方的这些特点是否意味着，它作为一种文明的演进和变动根本不同于所有其他文明中普遍存在的模式？历史的证据和比较文明史学者的判断却表明并非如此。迄今为止，西方的发展与历史上诸文明共同的演进模式和动力并无重大不同。伊斯兰复兴运动和亚洲经济发展的势头表明，其他文明是生机勃勃的，而且至少潜在地对西方构成了威胁。一场涉及西方和其他文明核心国家的大战并不是不可避免的，但也有可能发生。而西方始于20世纪初的逐渐而且无规律的衰落，可能持续几十年，甚至几百年。或者，西方可能经历一个复兴阶段，扭转它对世界事务影响力下降的局面，再次确立它作为其他文明追随和仿效的领袖的地位。"这段话一方面反映了亨廷顿感到西方领导世界的地位正在"逐渐而且无规律的衰落"，而那些向西方学习走上或正在走上"现代化"和"工业化"道路的国家已经"潜在地对西方构成了威胁",这当然是他和西方某些学者,特别是政治领袖(如时任美国总统小布什)不愿接受的。这里包含着亨廷顿和某些西方学者、政治家的一个不可解的情结:为什么那些伊斯兰复兴运动和亚洲兴起的国家走上了他们创造的"现代化"和"工业化"的道路,反而对他们构成了威胁?照他们看,这些兴起的国家在一切方面(政治的、文化的)本应跟着他们走,听命于他们,这样才是"合理"的。但是现实的情况并非如此,因而西方世界感到忧心忡忡。另一方面,亨廷顿内心真正希望的是西方文明的"复兴","再次确立它作为其他文明追随和仿效的领袖的地位"。"9·11"事件以后美国布什政府的所作所为,可以说正在试图确立其作为全球文明霸主的领导地位。

继亨廷顿的《文明的冲突与世界秩序的重建》之后,2000年哈佛大学出版社出版了美国学者麦克尔·哈特(Michael Hardt)和意大利学者安东尼奥·奈格里(Antonio Negri)合著的《帝国——全球化的政治秩序》一书,该书对当前世界形势的基本看法是:"就在我们眼前,帝国主义正在成长、形成。无边无垠,永无止境,这就是全球政治新秩序——一种新的主权形式:帝国。""新的主权形式正在出现。帝国是一个政治对象,它有效控制着这些全球交流,它是统治世界的最高权力。"基于这一理论,美国有众多学者在大力宣扬这种"新帝国"论。例如,美国芝加哥大学的约翰·米尔斯海默(John J. Mearsheimer)教授在2001年出版的《大国政治的悲剧》中指出:任何一个国家都要寻求权力的最大化，因此不可能有权力均衡的机制，最好的防御就是进攻（这就是布什的"先发制人"的理论基础）。另外还有一位"后现代国家理论"者，即英国首相布莱尔的政策顾问罗伯特·库珀（Robert Cooper），他把世界上的国家分为三类：第一类是后现代国家，即北美国家、欧洲国家和日本；第二类是现代国家，它们还是民族国家，如中国、印度、巴西、巴基斯坦等；还有一类是前现代国家，如非洲国家、阿富汗、中东国家。库珀提出并一再讲的一个概念就是"新帝国主义"，其意思是，后现代国家首先要动用它们的国家力量（包括军事力量）来控制现代国家，同时也要制止前现代国家那些诸如屠杀之类的行为。更有甚者，21世纪的美国新保守主义提出三项核心内容：（1）极度崇尚军力；（2）主张建立美国"仁慈霸权"；（3）强调输出美国式的民主与价值观。据此，布什总统于 2002 年 6 月 1 日在西点军校毕业典礼上提出三大原则：第一，美国要保持"先发制人"的权力；第二，美国的价值观在全球具有普遍性；第三，保持不可挑战的军事力量。这种"新帝国"论，在不同文化传统的国家和民族中不可能不引起"冲突"。而亨廷顿的"文明的冲突"论实际上早就为这种"新帝国"论提供了最基本的策略。在他的《文明的冲突?》中，有两个基本主张：（1）"抑制伊斯兰与儒教国家的军事扩张"；"保持西方在东亚、西南亚国家的军事优势"；"制造儒教与伊斯兰国家之间的差异与冲突"。（2）"巩固能够反映西方利益与价值并使之合法化的国际组织，并且推动非西方国家参与这些组织"。依据这些理论，我们可以看到，由于西方（主要是美国）利用文化上的差异（例如在价值观上的差异），挑起文明之间的冲突，已使当前的世界陷入一片混乱，局部战争愈演愈烈。

那么，"文明"难道只能处在"冲突"中，以实现一统天下的"新帝国"论吗？不同"文明"难道不可以"共存"吗？

二、"文明的共存"与新轴心时代

在人类的历史上并不缺乏由文明（例如宗教）引起的国家与国家、民族与民族、地域与地域之间的冲突。但是，我们从历史发展的总体上看，在不同国家、民族和地域之间的文明的发展更应该是以相互吸收与融合为主导的。照我看，国家与国家、民族与民族、地域与地域之间的冲突主要并不是由文明引起的。我对西方文化（文明与文化都涉及一个民族全面的生活方式，文明是放大了的文化）了解很有限，没有多少发言权，这里只引用罗素的一段话来说明今日西方文明是吸收与融合多种文化成分而形成的。1922年，伯特兰·罗素（Bertrand Russell）在访问中国之后，写过一篇题为《中西文明比较》的文章，其中有这样一段：

> 不同文明之间的交流，过去已经被多次证明是人类文明发展的里程碑。希腊学习埃及，罗马借鉴希腊，阿拉伯参照罗马帝国，中世纪的欧洲又模仿阿拉伯，而文艺复兴时期的欧洲则仿效拜占庭帝国。

关于罗素的这段话是否十分准确，学界可能有不同看法，但他说：（1）不同文明之间的交流是促进人类文明发展的重要因素；（2）今日欧洲文化是吸收了许多其他民族文化的因素，而且包含了阿拉伯文化的某些成分的。这两点无疑是正确的。如果看中国文化的发展，就更可以看到在不同文化之间因文化引起的冲突总是暂时的，而不同文化之间的相互吸收与融合则是主要的。

中国在春秋战国时代本来存在着多种不同的地域文化，有中原文化、齐鲁文化、秦陇文化、荆楚文化、吴越文化、巴蜀文化等，后来才合成一个大体统一的华夏文化。特别是公元元年左右印度佛教文化的传入，更加说明两种不同文化可以共存。印度佛教文化是以和平的方式传入中国的，外来的印度佛教与本土的儒、道两家从来没有因文化发生过战争，只有三次因政治经济问题导致的冲突。"三武一宗"曾对佛教加以打击，但在大多数时间里，儒、道、释三种文化在中国是并存的。欧洲著名汉学家施舟人（Kristofer Schipper）曾问我："为什么中国文化是多元性的？"我认为也许有两个原因。一是思想观念上的原因。中国一向主张"和而不同"，即文化虽然可以不同，但能和谐相处，这个问题下面我会较多地说明。二是制度上的原因。过去中国以皇帝为最高权威，一切文化（宗教、哲学、伦理）都以皇帝的意志为中心，而皇帝往往为了社会的稳定，不希望不同文化引起冲突甚至战争，因此，皇帝常采用"三教论衡"的办法，把儒、道、释召到朝堂上来辩论，哪一派辩论赢了就排在前面，然后依次是第二、第三，不允许他们之间互相残杀，发动战争。

从以上情况看，根据历史经验，我认为亨廷顿的"文明的冲突"论无论如何都是片面的，而且是为美国战略服务的。他说："我认为新世界的冲突根源，将不再侧重于意识形态或经济，而文化将是截然分隔人类和引起冲突的主要原因。在世界事务中，民族国家仍会举足轻重，但全球政治的主要冲突将发生在不同文化的族群之间。文明的冲突将左右全球政治，文明之间的断层线将成为未来的战斗线。"虽然说亨廷顿敏锐地观察到某些由"文明"引起冲突的现象（"文明的冲突"论），例如中东地区的巴以冲突、科索沃地区的冲突，甚至伊拉克战争等，这些冲突中都包含着某些文化（宗教的和价值观的）的原因，但是从根本上分析，冲突和战争不是由文化引起的，而是由"政治和经济"引起的——巴以冲突是因为争夺地区的控制权，伊拉克战争主要是因为石油问题，科索沃地区的冲突主要是因为大国的战略地位之争。但是，我们应该看到另一方面，即在很多不同文化之间现在并没有因为文明（文化）的不同而发生冲突，例如中印之间、中俄之间，甚至中欧之间，都在相当长的一个阶段，特别是最近十几年，没有什么严重的冲突，更没有发生过战争。所以，"文明的冲突"论并不能正确说明当前世界的形势，更不是人类社会发展的前景，而"文明的共存"才应是人类社会的出路，是人类社会必须争取的目标。

为了弄清这个问题，我想也许我们应该先了解一下当前是一个什么样的时代。照我看，也许我们正处在一个新的轴心时代。

德国哲学家卡尔·雅斯贝尔斯（Karl T. Jaspers）曾经提出"轴心时代"的概念。他认为，公元前500年前后，在古希腊、中国、印度和以色列几乎同时出现了伟大的思想家，他们都对人类关切的问题提出了独到的看法。古希腊有苏格拉底、柏拉图，中国有老子、孔子，印度有释迦牟尼，以色列有犹太教的先知们，不同国家由此形成了不同的文化传统。这些文化传统经过

2000多年的发展已经成为人类文化的主要精神财富，而且这些地域的不同文化，原来都是独立发展起来的，并没有互相影响。雅斯贝尔斯在《历史的起源与目标》一书中说道："人类一直靠轴心时代所产生的思考和创造的一切而生存，每一次新的飞跃都回顾这一时期，并被它重新燃起火焰。自那以后，情况就是这样。轴心期潜力的苏醒和对轴心期潜力的回忆或曰复兴，总是提供了精神动力。"例如，欧洲的文艺复兴就是把目光投向其文化的源头古希腊，使欧洲文明重新燃起火焰，从而对世界产生重大影响。中国的宋明理学（新儒学）在受到印度佛教文化的冲击后，再次回到先秦的孔孟，从而把中国本土哲学提高到一个新水平。从某种意义上说，当今世界多种文化的发展很可能是2000多年前的轴心时代的又一次新飞跃。那么，我们是否能说当今人类社会的文化正在或即将进入一个新的"轴心时代"呢？我认为，从种种迹象看，也许可以这样说。

首先，自第二次世界大战以后，由于殖民体系的逐渐瓦解，原来的殖民地国家和受压迫民族面临一个很迫切的任务，就是要从各方面确认自己的独立身份，而民族的独特文化（语言、宗教、价值观等）正是确认其独立身份的重要支柱。我们知道，二战后马来西亚为了强调民族的统一性，坚持以马来语为国语。以色列建国后，决定将长期以来仅用于宗教仪式的希伯来语恢复为官方语言。亨廷顿说："任何文化和文明的主要因素都是语言和宗教。"一些东方国家的领导人和学者为了强调自身文化的特性，提出了以群体为中心的"亚洲价值"，以区别于西方的以个体（个人）为中心的所谓"世界价值"。甚至亨廷顿也认识到"非西方文明一般正在重新肯定自己的文化价值"。

其次，公元前500年前后的那个轴心时代，正是上述各轴心国进入铁器时代的时候，生产有了大发展，因此出现了一批重要的思想家。而当今进入了信息时代，人类社会又将会有一个大飞跃。我们可以看到，经济全球化、科技一体化、信息网络的发展把世界连成一片，各国、各民族的文化将不可能像公元前五六百年那个"轴心时代"一样，是各自独立发展的，而是在矛盾、冲突和相互影响、相互吸收中发展的。每种文化对自身的了解都存在局限性，"不识庐山真面目，只缘身在此山中"，如果从另外一个文化系统看，也就是说从"他者"的视角看，也许会更全面地认识此种文化的特点。法国学者弗朗索瓦·于连（François Jullien）在《为什么我们西方人研究哲学不能绕过中国》一文中说："我们选择出发，也就是选择离开，以创造远景思维的空间。在一切异国情调的最远处，这样的迂回有条不紊。人们这样穿越中国也是为了更好地阅读希腊；尽管有认识上的断层，但由于遗传，我们与希腊有某种与生俱来的熟悉，所以了解它，也是为了发展它，我们不得不割断这种熟悉，构成一种外在观点。"这种以"互为主观""互相参照"为核心，重视从"他者"角度反观自身文化的跨文化研究逐渐为广大中外学者所接受。通过另外一种文化来了解自身文化，正是为了继承自己的传统文化，发展自己的传统文化。在这样的情况下，如何保存自身文化的特性，传承自身文化的命脉，无疑是必须认真考虑的问题。我们知道，经济可以全球化，科技可以一体化，但文化是不可能单一化的。从人类社会发展到今天的历史看，任何文化不受外来文化的影响是不可能的，也是不可取的；只有充分发挥原有文化的内在精神，才可以更好地吸收外来文化以滋养本土文化。正如费孝通先生所说，"在和西方世界保持接触、积极交流的过程中，把我们的好东西变成世界性的好东西。首先是本土化，然后是全球化"。这就是说，在吸收外来文化的时候，必须维护我们自身文化的根基。因此，21世纪影响人类社会发展的文化必将既是民族的，又是世界的。

最后，就当前人类社会文化的现实情况看，全球意识观照下的文化多元化发展的新格局已经形成，或正在形成。我们可以看到，也许21世纪将由四种大的文化系统来主导，即欧美文化、东亚文化、南亚文化、中东北非文化（伊斯兰文化），这四种文化都有着悠久的历史文化传统，而且每种文化所影响的人口都在10亿以上。当然，还有其他文化也会影响21世纪人类社会的发展，例如拉丁美洲文化、非洲文化等。但就目前看来，这些文化远不及上述四种文化的影响大。人类社会如果希望走出当前混乱纷争的局面，特别要批判文化霸权主义和文化部落主义，在文化上不仅要面对这个新的轴心时代，而且必须不断推动有不同文化传统的国家与民族之间的对话，使每种文化都能自觉地参与解决当前人类社会所面临的共同问题。无疑，上述四种文化对当今人类社会负有特别重大的责任。当前，人类社会正处在一个重大的历史转折关头，每个民族、每个国家对自身文化，特别是对当前人类文明有重大影响的欧美文化、东亚文化、南亚文化和伊斯兰文化都应做一严肃认真的历史的反思，这对今后人类社会的发展无疑是十分必要的。对任何一个民族和国家，特别是对有较长历史且对当今人类社会有着重大影响的民族和国家来说，它的文化传统是既成的事实，是无法割断的，因为这一文化传统已深入这个民族或国家千百万人民的心中，是这个民族或国家的精神支柱。我们回到"传统"，以"传统"为起点，并从"传统"中找寻力量、找寻支点，以推进我们文化的发展，来解决当前人类社会存在的问题。从这个意义上说，21世纪也许将由有着很长历史文化传统的欧美文化、东亚文化、南亚文化、伊斯兰文化等推动人类社会进入再次回顾2000多年前那个轴心时代的一个"新的轴心时代"。在这个新的轴心时代，存在着不同的文化传统，而且这些文化传统仍然有着雄厚的人口资源基础，是绝不可能被消灭的。即使使用战争的办法，也只能暂时起一点作用，从长远看，文化仍然必须共存。

三、中国文化能否为"文明的共存"作出贡献？

中国要对当今人类社会的"文明的共存"作出贡献，必须对自身文化有所了解，也就是要对自身文化有一个"自觉"。所谓"文化自觉"是指有一定文化传统的人群对其自身文化的来历、形成过程的历史及其特点（包括优点和缺点）以及发展的趋势等能作出认真的思考和反省。应该说，中华民族正处在民族伟大复兴的前夜，因此我们必须对中国文化有一个自觉的认识，必须给中国传统文化一个恰当的定位，认真发掘我们古老文化的真精神所在，以便把我们优秀的文化贡献给当今人类社会。认真反省我们自身文化存在的缺陷，以便我们更好地吸取其他国家和民族的文化精华，并在适应现代化社会发展的总趋势下给中国文化以现代的诠释，这样我们的国家才能真正地走在世界文化发展的前列，与其他各种文化一起共同创造美好的新世界。

在中国传统文化中起主导作用的主要是儒、道两家，而且我们常说中国文化是儒、道互补的，当然印度佛教传入中国后，对中国社会和中国文化也产生了重要影响。现在我想讨论一下儒、道两家的思想理论是否能为"文明的共存"提供有意义的资源。

（一）儒家的"仁学"为"文明的共存"提供了有积极意义的资源

《郭店楚墓竹简·性自命出》中说，"道始于情"。这里的"道"说的是"人道"，即人与人的关系的原则，或者说社会关系的原则，它和"天道"不同，"天道"是指自然界的运行规律或宇宙的运行法则。人与人的关系是从感情开始建立的，这正是孔子"仁学"的基本出发点。孔子的弟子樊迟问"仁"，孔子回答："爱人。"这种"爱人"的思想从何而来呢？《礼记·中庸》引孔子的话说："仁者，人也，亲亲为大。""仁爱"的精神是人自身所具有的，而爱自己的亲人最根本。但是，"仁"的精神不能止步于此，《郭店楚墓竹简·五行》中说："亲而笃之，爱也；爱父，其继爱人，仁也。"非常爱自己的亲人，这只是爱，爱自己的父亲，再扩大到爱别人，这才叫作"仁"。"孝之放，爱天下之民。"（《郭店楚墓竹简·唐虞之道》）对父母的孝顺要放大到爱天下的老百姓。这就是说，孔子的"仁学"是要由"亲亲"扩大到"仁民"，也就是说要"推己及人"，要做到"老吾老以及人之老，幼吾幼以及人之幼"（《孟子·梁惠王上》），才称作"仁"。做到"推己及人"并不容易，必须把"己所不欲，勿施于人"（《论语·颜渊》），"己欲立而立人，己欲达而达人"（《论语·雍也》）的"忠恕之道"作为"为仁"的准则。（朱熹《四书章句集注》曰："尽己之谓忠，推己之谓恕。"）如果要把"仁"推广到整个社会，这就是孔子说的："克己复礼为仁，一日克己复礼，天下归仁焉。为仁由己，而由人乎哉？"（《论语·颜渊》）我们自古以来把"克己"和"复礼"解释为两个平行的方面，我认为这不是对"克己复礼"好的解释。所谓"克己复礼为仁"是说，只有在"克己"基础上的"复礼"才叫作"仁"。费孝通先生对此也有一解释，他说："克己才能复礼，复礼是取得进入社会、成为一个社会人的必要条件。扬己和克己也许正是东西方文化差别的一个关键。"我认为这话是很有道理的。朱熹对"克己复礼为仁"的解释是："克，胜也。己，谓身之私欲也。复，反也。礼者，天理之节文也。"这就是说，要克服自己的私欲，以便使之合乎礼仪制度规范。"仁"是人自身内在的品德（"爱生于性"）；"礼"是规范人的行为的外在的礼仪制度，它的作用是调节人与人之间的关系，使之和谐相处，"礼之用，和为贵"（《论语·学而》）。人们遵守礼仪制度必须是自觉的，出乎内在的"爱人"之心，这才符合"仁"的要求，所以孔子说："为仁由己，而由人乎哉？"对"仁"和"礼"的关系，孔子有非常明确的说法："人而不仁，如礼何？人而不仁，如乐何？"（《论语·八佾》）没有仁爱之心的礼乐是虚伪的，是为了骗人的。所以孔子认为，有了追求"仁"的自觉要求，并把这种"仁爱之心"按照一定的规范实现于日常社会之中，这样社会就会和谐安宁了，"一日克己复礼，天下归仁焉"。我认为，孔子和儒家的这套思想，对于一个国家的"治国"者，对于现在世界上的那些发达国家（特别是美国）的统治集团不能说是没有意义的。"治国、平天下"应该行"仁政"、行"王道"，不应该行"霸道"。行"仁政"、行"王道"可以使不同文化得以共同存在和发展；行"霸道"将引起文明的冲突，使文化走向单一化，形成文化霸权主义。如果把孔子的"仁学"理论用于处理不同文明之间的关系，那么不同文明之间就不会发生冲突，以至于战争，而实现"文明的共存"。

孔子的这套"仁学"理论虽然不能解决当今人类社会存在的"文化的共存"的全部问题，但它作为一种建立在以"仁"为本之上的"律己"的道德要求，作为调节不同文化之间关系的一条准则，对使不同文化得以和谐相处无疑仍有一定的现实意义。

要使不同文化和谐相处，从而使不同文化传统的国家、民族和平共存，并不是一件容易的事，也许孔子提倡的"和而不同"可以为我们提供极有意义的资源，他说："君子和而不同，小人同而不和。"（《论语·子路》）他认为，以"和为贵"而行"忠恕之道"的有道德、有学问的君子，应该能做到在不同中求得和谐相处；而不讲道德、没有学问的人往往强迫别人接受他的主张而不能与他人和谐相处。如果我们把"和而不同"用作处理不同文化之间关系的原则，它对于解决当今不同国家与民族之间的纷争应有非常积极的意义，特别是在面对不同国家与民族之间因文化上的不同（例如宗教信仰不同、价值观念不同）而引起的矛盾、冲突时。

在中国历史上,"和"与"同"向来被认为是两个不同的概念,有所谓"和同之辩"。《左传·昭公二十年》记载:"公曰:'唯据与我和夫!'晏子对曰:'据亦同也,焉得为和?'公曰:'和与同异乎?'对曰:'异。和如羹焉,水火醯醢盐梅以烹鱼肉,燀之以薪。宰夫和之,齐之以味,济其不及,以泄其过。君子食之,以平其心。君臣亦然。……今据不然,君所谓可,据亦曰可;君所谓否,据亦曰否。若以水济水,谁能食之?若琴瑟之专一,谁能听之?同之不可也如是'。"〔景公说:只有梁丘据跟我很和谐啊!晏子回答说:据也只不过和你相同而已,哪里说得上和谐呢?齐侯说:和(谐)与(相)同不一样吗?晏子回答说:不一样。和谐好像做羹汤一样,用水、火、醋、酱、盐、梅来烹调鱼和肉,再用柴烧煮。厨子加工以调和,使味道适中,味道不够就增加调料,味道太浓就加水冲淡。君子食用这样的羹汤,内心平静。君臣之间也是这样。……现在据不是这样。国君认为对的,他也认为对;国君认为不对的,他也认为不对。这就像用水去调剂水,谁能吃得下去呢?如同用琴瑟老弹一个声音,谁能听得下去呢?二者不应该相同的道理就像这样。〕又如《国语·郑语》载:"(史伯曰:)'夫和实生物,同则不继。以他平他谓之和,故能丰长而物归之;若以同裨同,尽乃弃矣。故先王以土与金、木、水、火杂,以成百物。'"(实际上有了和谐,万物才能生长,同一就不能发展。把不同的东西加以协调平衡叫作和谐,这样才能使万物丰盛发展而有所归属;如果把相同的东西相加,用尽之后就只能抛弃。所以先王把土和金、木、水、火结合起来,做成千百种东西。)可见,"和"与"同"是两个不同的概念。"以他平他",是以相异和相关为前提,相异的事物相互协调并进,就能发展;"以同裨同",则是以相同的事物叠加,其结果只能窒息生机。中国传统文化的最高理想是"万物并育而不相害,道并行而不相悖"(《礼记·中庸》)。"万物并育"和"道并行"是"不同","不相害""不相悖"则是"和"。这种思想为多元文化共处提供了取之不尽的思想源泉。

现在西方国家的有识之士都认识到不同文明应该能够共存,而不应因文化上的不同而发生冲突,以至于战争。他们认为,不同的民族和国家应该可以通过文化的交往与对话,在对话(商谈)和讨论中取得某种"共识",这是一个由"不同"到某种意义上的相互"认同"的过程。这种相互"认同"不是一方消灭一方,也不是一方"同化"一方,而是在两种不同文化中寻找交会点,并在此基础上推动双方文化的发展,这正是"和"的作用。不同民族和不同国家由于地理的、历史的和某些偶然的原因,形成了不同的文化传统。正因为有文化上的不同,人类文化才是丰富多彩的,也因此在人类历史的长河中形成了互补和互动的格局。文化上的不同可能会引起冲突,甚至战争,但并不能认为"不同"就一定会引起冲突和战争。特别是在科学技术高度发展的今天,大规模的战争也许将毁灭人类自身。因此,我们必须努力追求在不同文化之间通过对话实现和谐相处。现在中西方许多学者都认识到通过对话增进不同文化之间的相互理解的重要性。例如尤尔根·哈贝马斯(Jürgen Habermas)提出"正义"和"团结"的观念。我认为,把它们作为处理不同民族文化之间关系的原则,是有意义的。哈贝马斯的"正义原则"可理解为,要保障每一种民族文化的独立自主，使其有按照其民族的意愿发展的权利；"团结原则"可理解为，要承担对其他民族文化同情、理解和加以尊重的义务。只有通过不断的对话和交往等途径，在不同民族文化之间才可以形成互动中的良性循环。前年去世的德国哲学家汉斯-格奥尔格·伽达默尔（Hans-Georg Gadamer）提出，应把"理解"扩展到"广义对话"层面。正因为"理解"被提升为"广义对话"，主体与对象（主观与客观或主与宾）才得以从不平等地位过渡到平等地位；反过来说，只有对话双方处于平等地位，对话才可能真正进行并顺利完成。可以说，伽达默尔所持的主体—对象平等意识和文化对话论，正是我们这个时代所需要的重要理念。这种理念，对我们今天正确深入地理解中外文化关系、民族关系等，具有重要的启示。但是，无论哈贝马斯的"正义"和"团结"原则，还是伽达默尔的"广义对话"论，都要以承认"和而不同"原则为前提，只有承认不同文化传统的民族和国家通过对话可以和谐相处，不同文化传统的民族与国家才能获得平等的权利和义务，"广义对话"才能"真正进行并顺利完成"。因此，儒家以"和为贵"为基础的"和而不同"原则应成为处理不同文化之间关系的一条基本原则。用"和而不同"原则处理不同文化传统的国家与民族之间的关系，不仅对消除矛盾、冲突甚至战争有着正面的积极意义，而且是推动各国家、各民族文化在交流中发展的动力，所以罗素说："不同文明之间的交流，过去已经被多次证明是人类文明发展的里程碑。"当今人类社会需要的是不同文化在相互吸收和融合中发展不同文化传统的特色，以实现新基础上的"文化的共存"。

（二）道家的"道论"能为防止"文明的冲突"提供有意义的资源

如果说孔子是一位"仁者"，那么老子则是一位"智者"。在老子的《道德经》一书中，"道"是基本概念，而"自然无为"（顺应自然的规律，不做违背自然规律的事）是"道"的基本特性。王充在《论衡·初禀》中说道："自然无为，天之道也。"今日人类社会存在着种种纷争，无疑是因为贪婪地追求权力和金钱。那些强国为了私利，扩张自己的势力，掠夺弱国的资源，实行强权政治，这正是世界混乱无序的根源。也就是说，帝国霸权正是"文明的冲突"的根源。老子提倡"自然无为"，我们可以将其理解为：不要做（无为）违背人们愿望的事，这样社会才会安宁，天下才会太平。老子说："我无为而民自化，我好静而民自正，我无事而民自富，我无欲而民自朴。"这段话的意思是说：掌握权力的统治者不应该对老百姓做过多的干涉（无为），不要扰乱老百姓的正常生活（好静），不要做违背老百姓意愿的事（无事），不要贪得无厌地盘剥老百姓（无欲），这样老百姓就会自己教化自己（自化），自己走上正轨（自正），自己富足起来（自富），自己生活朴素（自朴）。如果我们以现代的方式对这一段话加以诠释，就会发现它不仅可以使一个国家内部安宁，而且对消除不同文明之间的冲突也无疑有着重要意义。对这段话我们可以做如下诠释：对别国干涉越多，世界必然越混乱。大国强国越是动不动用武力或以武力相威胁，世界越是动荡不安和无序。大国强国越是以帮助小国弱国为名而行掠夺之实，小国弱国就越贫穷。发达国家在越来越强的欲望的支配下争夺世界财富和统治权，世界就会成为一个无道德的恐怖世界。据此，我认为"无为"也许对"新帝国"的领导者是一副治病良方，如果他们能接受，世界将会获得和平和安宁。然而"新帝国"往往以干涉、掠夺、武力等"有为"（为所欲为）手段来对待其他国家与民族，这无疑是由其贪欲本性造成的。老子认为："祸莫大于不知足，咎莫大于欲得。故知足之足，常足矣。"（没有比不知道满足更大的祸害了，没有比贪得无厌更大的罪过了。知道满足的人，永远是满足的。）"新帝国"不正是"不知道满足""贪得无厌"的吗？老子还说："天之道，其犹张弓与？高者抑之，下者举之；有余者损之，不足者补之。天之道，损有余而补不足；人之道则不然，损不足以奉有余。"（"天道"不就像张弓射箭吗？弓高了就把它压低一点，低了就把它抬高一点；弦拉得太满就放松一些，力量不足就补充一些。"天道"的规律是减少有余的，来补充不足的；"人道"则不一样，往往要剥夺不足的，而用来供奉有余的。）为什么今日世界人类社会处在一种十分混乱不安定的状态中？这完全是由人自身造成的，特别是由那些"新帝国"的领导者造成的，他们违背了"天道"，失去了"人心"，他们奉行的是"损不足以奉有余"，这不正是今日世界不断发生矛盾、冲突、战争的根源吗？从这里我们可以看到，"文明的冲突"论与其背后所隐蔽的"新帝国"论是有着密切联系的。

为了社会的和平和安宁，老子强烈地反对战争。他说："夫兵者，不祥之器，物或恶之，故有道者不处。"（打仗用兵是不吉祥的东西，大家都厌恶它，所以有道德的人不使用它。）战争总要死人，总要破坏生产和社会秩序，所以老子认为它不是什么好东西，老百姓都讨厌它，有道德的国家领导人是不使用战争的办法解决问题的。老子又说："以道佐人主者，不以兵强天下。其事好还。师之所处，荆棘生焉；大军之后，必有凶年。"（我们应该用道德来告诫领导者，不要用兵力逞强于天下。用兵这件事一定会得到报应。军队所到的地方，荆棘丛生；大战之后，一定会是荒年。）我们反观各国历史，无不如此，每次经历大战之后，往往会出现人口大量减少、土地荒芜、生产破坏、盗贼多有的情况。两次世界大战的结果是如此，当前中东地区的战争也是如此。哪个新帝国的领导者到处发动战争，其结果就是处处陷入被动，这是因为被征服国家的老百姓不服，他们会用不怕死的态度来抗争，所以老子说："民不畏死，奈何以死惧之？"（老百姓不怕死，用死来威胁他们又有什么用呢？）老子又说："夫乐杀人者，则不可得志于天下矣。"（喜欢杀人的人，就不能在天下获得成功。）我们从历史上看到，罔顾人民福祉而肆意发动战争的人，虽然一时可以得逞，但最终总要失败，而落得身败名裂。希特勒是一个例子，日本军国主义也是一个例子。老子是一位"智者"，他用他的智慧能看到事物的相反方面，他说："祸兮，福之所倚；福兮，祸之所伏。"（灾难啊，好运常常紧靠在它旁边；好事啊，灾祸往往潜伏在它里面。）现在有些国家的人民正在经受苦难，这正是为他们将来的民族复兴准备条件。从中国近现代的百年历史来看，正是在处处挨打之后，人民才有了觉醒。今天我们才可以说，中华民族正处在民族伟大复兴的前夜。我想，世界各国特别是"新帝国"的领导者应从《道德经》中汲取智慧，认识到从长期的世界历史发展看，强权政治、霸权主义是没有前途的。因此，我认为老子的思想对消解"文明的冲突"论、"新帝国"论是十分有价值的。我们拥护"文明的共存"论、赞成老子的"无为"思想，期待今日人类社会能处在一个和平、安宁、共同发展、共同富裕的大同世界之中。当然，2000多年前的老子的思想不可能全然解决当今人类社会的问题（包括各民族之间的矛盾、冲突等问题），但是他的智慧之光对我们有重要启示。我们应该做的事，是把他的思想中的精华加以发掘和利用，并给予现代的诠释，使之成为人们从古代思想文化的宝库中得到的宝贵启示。

在不同民族和国家之间，宗教信仰的不同、价值观念的不同和思维方式的不同可能会引发冲突，甚至可以由冲突导致战争。但是，要避免冲突、化解冲突、避免冲突升级为战争，就需要我们从各个不同民族的文化中找出可以使文明共存的资源，用以消解不同文明之间可能引起冲突的文化因素。如上所述，中国文化中的儒、道两家可以为化解文明的冲突，以及为"文明的共存"提供有意义的资源。我相信，各民族、各国家的文化同样可以为化解"文明的冲突"，以及为"文明的共存"提供有价值的资源。在人类文明进入21世纪之时，是用"文明的冲突"论来处理各民族、各国家之间的问题，还是用"文明的共存"论来引导人类社会走向和平共处，是我们当前必须认真考虑和慎重回答的问题。反对"文明的冲突"论，倡导"文明的共存"论，这无疑是人类社会的福祉。《尚书·尧典》中说："协和万邦。"中华民族和其他许多民族一样是一个伟大的民族，有着悠久的灿烂光辉的历史文化传统，它的文化对人类社会无疑是极为宝贵的财富。我们应善于利用这笔财富，使之为当前人类社会争取"和平共处"，实现不同文化之间的和谐共存，推进世界各种文化之间的交流，作出应有的贡献。

（本文根据作者在2004年北京论坛上的发言整理而成）

Amartya Sen

我们的全球文明

阿马蒂亚·森
印度经济学家，
曾任哈佛大学教授、剑桥大学三一学院院长，
1998年获得诺贝尔经济学奖。

一

我非常荣幸能够在北京论坛发表主旨演讲并与大家互动。我选择了近年来争议非常大的文明话题作为我的演讲主题。

我们主要用两种方法研究世界文明史。一种是采用包容性的方法理解世界各地的文明，关注不同文明形式之间的分歧和依存关系，这些关系可能随着时间的推移而有所变化。这种研究方法被称为"包容性方法"。"片面性方法"则是另一种研究方法，它将不同地区的文明视为孤立的个体，分别研究不同文明的信仰和实践，仅将它们之间的相互依存关系作为附带思考（如果有的话）。前者书写了我们所说的"全球文明"的历史，它与片面性方法的孤立观念形成了鲜明的对比。片面性方法是所谓"世界文明史"研究中的主流方法（这里强调"文明"的复数含义）。我在这里主张采取一种不那么片面、更具包容性的方法。

近年来，这种片面认知世界文明的方式（在西方）大行其道，特别是以所谓的"文明冲突论"的形式出现。关于文明冲突的观点在过去不时出现，但到了20世纪90年代，文明冲突论已经上升为许多西方国家的核心关切。在此思想流变中，1996年塞缪尔·亨廷顿的著作《文明的冲突与世界秩序的重建》的出版起到了重要的导向作用。而2001年发生的"9·11"事件不仅将世界推向了一个冲突和不信任的可怕时代，而且还大大增加了人们对"文明冲突论"这一惊人论调的关注度。确实，许多有影响力的评论家都受此诱导，认为我们今天看到的大量暴力行径与文明之间的分歧（主要是宗教方面的鸿沟）存在紧密的联系。

如果说（研究世界文明的）片面性方法本身存在许多内生性缺陷（我将讨论其中一些），那么这些缺陷已经进一步被文明冲突论所放大和复杂化。其中一大问题便是将世界人民按照某种据称占据支配地位的主观的分类系统划分为不同的族群。将某个人简单看成所谓不同文明的一员（例如，在亨廷顿的论述中，即有"西方世界""伊斯兰世界""印度教世界"或"佛教世界"等成员分类），是过于简单的划分维度和标准。事实上，"不同文明是否有冲突？"这个问题就是建立在这样一个简单假设之上的，即人类可以被孤立地划分为不同而分散的文明群体，并且不同群体之间的关系可以被简单地抽象为不同文明之间的关系。（这种理解是严重失真的。）

二

将人类按照文明来划分的片面性方法存在一个基础性问题，即需要假设每个人所谓的"文明身份"对其思维方式具有支配性影响，但却忽视了人的经济、社会、政治、语言、职业或工作团体等其他身份的重要性。在我最近出版的书籍《身份与暴力——

命运的幻象》中，我探讨了这种对于单一身份的隐性信仰所造成的危害（容易引起个人思想上的混乱）。同时，我还讨论了以下两点：（1）这种思想上的混乱如何被用来煽动暴力（如恐怖分子招募新人实施针对"他者"的激烈行动）；（2）这种思想上的混乱如何使得对抗分裂主义者的暴力变得困难或者增加了赢得所谓"反恐战争"的难度。

然而，除了基于文明差异假定个人只有单一身份这一问题外，片面性方法还将世界文明史划分为孤立的部分予以研究和解读，这进一步造成了人们思想上的混乱。让我用一个具体的例子来说明研究世界文明史的两种不同观点。在托马斯·卡莱尔（Thomas Carlyle）的《杂文杂记》中，作者声称"现代文明中的三个重要元素"是"火药、印刷术和新教"。虽然新教的出现与中国人无关，但他们对卡莱尔所列举的现代文明中的另外两个元素的贡献是众所周知的。然而，火药和印刷术诞生在中国并不意味着中国人垄断了这些创新发明。或早或晚，火药和印刷术最终传播到了世界上的其他国家并启发了世界各地的人们进行新的发明创造。在我们相互依存的世界历史中，技术发明的传播和创新是不可避免的。因此，卡莱尔正确地谈论了他所谓"现代文明"的元素，并没有将它们简单地视为地域性文明（比如"中华文明"或"西方文明"）独有的发明创造。弗朗西斯·培根（Francis Bacon）在他的著作《格致新机》中也秉持了同样的思路，培根在书中将"印刷术、火药和指南针"称为文明世界的主要发明。实际上，这三大发明创造都诞生在中国，但是培根正确地将中国的发明创造称为其对世界文明的贡献。将这些发明创造仅仅视为中国特有的成果与将它们视为中国对世界文明发展的重要贡献，这两种观点之间存在着巨大的差别。

当然，这并不是说不同地区在传统和成就上没有差异——相反，这样说是很不明智的。事实上，世界上的许多发明和革新确实起源于某一地区，然后在时间的长河中，它们的影响力逐渐扩散到全球，并引发新的文明交流。印度诗人拉宾德拉纳特·泰戈尔（Rabindranath Tagore）曾非常清晰地阐述过这一观点："在人类智慧的产物中，我们所理解和欣赏的，也为我们所拥有，无论它们的文化归属。"这种全球化的思维引导我们对世界文明采取包容性的视角，而不是片面地理解孤立的文明。

在这种剑拔弩张的片面性世界文明分类方法之下还存在许多狭隘的概念，这些概念是片面性方法的体现。我们考虑一下所谓"西方科学"的概念（这一名称是否合适），"西方科学"的内容明显借鉴和吸收了世界各地的文明遗产。有一个知识传承链条将西方数学和科学的发展与众多非西方的学者和科学家联系起来，比如印度、伊朗和阿拉伯人在数学上的发明和创新。即便在今天，当麻省理工学院或哈佛大学的现代数学家使用"算法"（algorithm）来解决某个计算难题时，他（她）实际上也是在帮助大家记住 9 世纪的阿拉伯数学家花拉子密所做的贡献，从他的名字"Al-Khwarizmi"衍生出了"算法"这个术语。"代数"（algebra）一词则来自花拉子密关于代数的著作《移项和集项的科学》。

全球科学技术的进步和繁荣并不仅是西方主导的结果，还有许多重大的科学进步涉及全球层面的国际互动，其中许多互动都发生在欧洲之外。比如，被培根称为"改变了整个世界的面貌和各种事物状态"的印刷术的发明和使用。印刷术是中国人在隋唐时期的伟大发明。当中国人发明了印刷术的时候，韩国人和日本人也正在努力研究这项技术，并取得了相当大的成功。但是，印刷术的应用仅限于中、日、韩三国吗？并不是。

印刷术的首次使用就充分体现了不同文明之间的交流和互鉴。世界上现存的第一本用纸印刷而成的书籍（准确地说是第一本能确切考证印刷日期的书籍）是印度佛教哲学的梵文经典《金刚般若波罗蜜经》（也译为《金刚经》）的中译本。梵文的《金刚经》早在5世纪初就被鸠摩罗什翻译成了汉语，并在4个世纪之后的公元868年被印刷成册。鸠摩罗什祖籍天竺（今印度），出生于西域龟兹国（今中国新疆库车），曾广泛游历。他深通佛理，又精通汉、梵两种文字，经过十余年的努力，组织800多名僧侣共译经300多卷。在这个历史故事中，我们还无从看到西方世界的身影，直到许多个世纪之后，印刷术传到了西方，才推动了西方文明的繁荣发展。

我所谈到的这些被培根或卡莱尔称为文明重要元素的发明创造，最初都是从中国传播到西方的。事实上，中国的发明创造远远多于培根或卡莱尔所列举的案例，中国在历史上曾长期处于领先地位。现在的西方确实主导着高科技的发展，但在1000多年前的公元1000年，许多"高科技"发明都来自当时的中国。造纸术和印刷术、风筝和指南针、滚轮手推车和水车、弓弩和火药、时钟和铁链悬索桥，这些1000多年前的高科技发明已经在当时的中国得到了广泛的应用和充分的发展，而当时的欧洲等世界其他地方的人对这些发明还知之甚少。

我们现在所称的"西方科学"不仅根植于本土创新（它们确实很重要，推动了欧洲的文艺复兴和启蒙运动），而且还充分借鉴了世界上其他地区科学技术的成果。事实上，一大批来自非西方世界的卓越贡献者：中国人、印度人、阿拉伯人、伊朗人、非洲人等，深刻影响了欧洲在科学、数学、哲学和工程技术上的进步，而这些进步对推动欧洲的文艺复兴和后来的启蒙运动功不可没。

有时候，我们仍可以从现存的文字和语言中追寻那段全球历史的痕迹。我在前面谈到了算法这一术语的阿拉伯起源，我在这里再举一个例子：三角学中的"正弦"（sine）术语。"正弦"一词在基础数学中被广泛使用。古代印度数学家阿耶波多（Aryabhata）在5世纪时就已经使用了"正弦"的概念（这仍然是现代三角学的核心概念），他称其为"ardha-jya"，在梵语中的字面意思是"半弦"（half-chord）。从那时起，这一术语开始了其神奇的传播之旅。正如霍华德·伊夫斯（Howard Eves）在他的《数学史概论》中所描述的：

> 阿耶波多称其为"半弦"（ardha-jya）和"弦半"（jya-ardha），然后又将其简写为"弦"（jya）。阿拉伯人将梵语"jya"音译为"jiba"，然后根据阿拉伯语省略元音的做法，将"jiba"写成"jb"。除其技术意义外，现在的"jiba"在阿拉伯语中已经是一个无意义的词语。后来有些读者发现"jb"是无意义的"jiba"的缩写时，就用"jaib"取而代之，它包含相同的字母，但在阿拉

伯语中却是一个好词，意思是"小海湾"或"港湾"。大约在1150年，克雷莫纳的杰拉德（Gerard of Cremona）在翻译阿拉伯语时，将阿拉伯语的"jaib"翻译成了拉丁文的"sinus"（意为"小海湾"或"港湾"），我们现在所使用的"正弦"（sine）一词便由此而来。

这只是世界文明的全球历史的一部分，但这个例子涉及印度人、阿拉伯人和意大利人，所以我们很难用"西方科学"或"西方数学"这样的粗略命名掩盖这一切。

三

是时候总结一下了。当下日益流行的片面和狭隘的文明思维模式不仅为我们呈现出一幅极不完整的历史图景，而且还疏离了世界不同文明间的关系，增加了它们彼此间的敌意。它正在加深不同文明群体之间的沟壑，并且助长了人类的分裂主义，强化了不同人群间的敌对看法。

碰巧的是，当下的西方世界正在遭受那些鼓吹所谓文明和传统之间的分歧的激进分子的暴力威胁。伊斯兰激进组织就通过宣扬西方文明和伊斯兰传统之间的差异来招募心怀不满的年轻穆斯林，但恐怖分子却绝口不提穆斯林民众也有与其他文明的民众一样的追求，包括被称作"西方科学"的科学和技术，它们被视作严格分离的"西方文明"的组成部分。毫不意外，反西方的所谓"圣战"主义者，包括恐怖分子，喜欢宣传西方和非西方世界之间存在根本对立的观念。这有助于他们招募反西方的极端分子，并随时准备对西方发起袭击。真正可悲的是，西方的狭隘主义者非但不反对这种错误且对立的二分法，而且自以为是地将世界历史分割成一个个孤立、彼此疏远且狭隘的文明。这非但没有遏制反西方的暴力思潮，反而助长了恐怖分子激进的对立思维。从这个意义上说，西方的狭隘主义与伊斯兰激进主义都是一丘之貉。

理解全球文明本质的重要性不仅在于正确认识我们的科学和历史，还在于避免片面和狭隘地认知当代世界，片面和狭隘的认知催生了世界上的极端主义和暴力。由于中国曾经对世界文明作出过重大贡献，所以我觉得应该利用在北京论坛发言的机会来探讨理解全球文明的重要性，其中，中国的知识分子能够发挥重要的作用。

当然，赋予全球视角以应有的地位主要是认识论上的原因，它有助于我们对世界文明史形成一个更全面而非狭隘的理解。然而，除了这个基本的历史认知之外，我们还必须从政治上认识到，对文明的片面认知极大地助长了世界上的政治紧张局势。一方面，分裂主义者的错误观点会被那些别有用心之人利用，他们希望借此煽动不满和塑造敌意，从而制造暴力冲突；另一方面，它迷惑了反对暴力的群体，他们希望构建一个更和平的世界，但他们中的许多人同样深信世界不同文明之间是孤立且缺少联系的这一观点。在历史的长河中，世界不同文明间存在广泛的联系，唇齿相依、休戚与共。重新认识全球文明、讴歌全球文明发展背后的交流和联系的需求从来没有像今天这样强烈。

（本文根据作者在 2006 年北京论坛上的发言整理而成）

Xingpei Yuan

中华文明的历史启示

袁行霈

北京大学博雅讲席教授，北京大学国学研究院院长，北京大学国际汉学家研修基地主任，中央文史研究馆馆长。

我讲这个题目是出于以下考虑：北京大学国学研究院组织校内的 36 位教授，用六年多的时间，撰写了一部《中华文明史》。我作为这个项目的负责人和此书的主编之一，在撰写过程中不断思考这样一个问题：中华文明的历史究竟能给 21 世纪的人类带来什么启示？我想趁北京论坛召开之际，向来自世界各地的学者们报告我的一些粗浅想法。

中华文明的历史启示之一，就是选择和平、和谐。

中华文明植根于东亚大陆一片广袤的土地上，中华民族安土重迁，热爱和平。中华文明本质上是一种"和"的文明，"和"的观念在经典中多次出现。"万物负阴而抱阳，冲气以为和。"（《老子》第四十二章）这是从哲学的高度解释"和"，用"和"来概括万物之间相互依存的关系。"子曰：'君子和而不同，小人同而不和。'"（《论语·子路》）这虽然是从做人的角度解释"和"，但"和而不同"也可以视为一种维系社会的准则。"有子曰：'礼之用，和为贵。先王之道，斯为美。'"（《论语·学而》）这是从礼的角度解释"和"，"和"不仅是礼之所用，也是为政之道，而且是一种美。《礼记·中庸》以"和"为"天下之达道"，能"和"则能四通八达，无往不利。又说："致中和，天地位焉，万物育焉。"达到"中和",天地才得以正,万物才得以育,这就将"和"的意义提到了很高的地位。

中华民族深知和平对文明的保障作用,也深知战争对文明的破坏作用。西晋统一全国后,在文献整理、史书编纂、学术积累,以及文学创作等方面,都已出现繁荣的端倪。是战争,打乱了文明发展的进程,在北方造成多年的文明断裂。宋代是中华文明史上的一座高峰,科技处于世界领先的地位。是战争,打乱了原来的趋势,延迟了文明的发展。

和谐与和平都基于一个"和"字。和谐是和平之上的一种更高、更美的境界,包括人与自然的和谐、人与人的和谐,以及个体的人自身的和谐。关于人与自然的和谐,重点在于:既改造自然以适应人的需要,也调整人的生活方式,以适应自然的规律,这就是所谓"天人合一"的要义。关于人与人的和谐,重点在于:既尊重自己也尊重别人,既考虑局部的利益更顾全整体的利益,以达到整体的协调发展。关于个体的人自身的和谐,包括身心两方面的协调,重点在于通过实践和自省完善自己的人格和道德。中华文明中关于和谐的观念,对于解决当前中国和世界面临的种种问题,无疑具有很高的参考价值。

中华文明的历史告诉我们:文明的发展离不开和平、和谐,唯和平才能使文明的成果得以保存,唯和谐才能使文明稳步发展。

中华文明的历史启示之二,就是选择包容。

包容,是中华文明固有的思想,早在《尚书·周书·君陈》中就有这样的话:"有容,德乃大。"意思是:有所包容,所成就的功德才能巨大。《老子》第十六章也说:"容乃公,公乃王,王乃天，天乃道，道乃久。"意思是：有所包容，就能臻于"公"，进而臻于"王"，臻于"天"，臻于"道"，臻于"久"。这虽然都是针对统治者而言的，但在中华文明中具有普遍的意义。中华文明是一种包容性很强的文明，中国人常用"海纳百川"来形容一个人的气度胸襟，这四个字也可以用来形容中华文明的品格。

越来越多的考古资料证明，中华文明的发祥地，不只是黄河流域，还包括长江流域。越来越多的考古资料也证明，除了黄河流域和长江流域，还有许多文化遗存散布在全国各地。中华文明的组成，既包括定居于黄河、长江流域的，较早以农耕为主要生活方式的华夏文明，也包括若干以游牧为主要生活方式的少数民族文明。中华文明的演进过程，也是多种文明因素的整合过程。整合的模式是以华夏文明为核心，核心向周围扩散，周围向核心趋同，核心与周围互相补充、互相吸收、互相融合。汉族和汉族以外的55个少数民族，都为中华文明作出了重要的贡献。我们引以为骄傲的山西应县木塔那样精美的建筑，便是契丹族所建立的辽代的杰作。蒙古族所建立的元朝，首次开辟了南北海运航线。满族所建立的清朝，出现了康乾盛世，为中华文明增添了精彩的一页。

我还想举战国和唐代为例进一步加以说明。战国时代儒家、墨家、道家、法家、名家、阴阳家等不同的学说和流派多元共存，自由争辩，这已是人所共知的事实。我想强调的是，这种包容不只是统治者的包容，也是整个社会的包容，孔子有弟子三千，"杨朱、墨翟之言盈天下"（《孟子·滕文公章句下》），其他各家也都有自己的信徒或同道，这说明社会的包容性很强。包容,也是唐代文明鼎盛的一个主要标志,这表现在许多方面,例如:儒、释、道三家并用;政府机构中各民族的人才都有施展才华的机会,以科举考试选拔人才的制度,使大量出身庶族的士人进入仕途;文学艺术的题材和风格多种多样;等等。仅以唐朝的将军为例,如哥舒翰、高仙芝、李光弼等都是少数民族。同时,日本的阿倍仲麻吕(晁衡)、新罗的崔致远等都曾在唐朝任职。

中华文明的历史告诉我们:文明的发展需要包容,"山不厌高,海不厌深"(《短歌行》),唯包容才能百川汇海,唯包容才能不断壮大。

中华文明的历史启示之三,就是选择开明。

开明的核心有四点:一是民为贵。孟子说:"民为贵,社稷次之,君为轻。"(《孟子·尽心章句下》)这已成为经典的话语。二是广开言路,从谏如流。班彪说:"从谏如顺流。"(《文选·王命论》)这是明君的必要条件。三是举贤授能。《礼记·礼器》说:"尚有德,尊有道,任有能,举贤而置之。"这是治理国家的重要举措。四是以法为准。唐太宗说:"法者,非朕一人之法,乃天下之法。"(《贞观政要·公平》)其中包含了一定程度的法治思想。

中国古代往往将"盛世"与"开明"联系起来,称之为"开明盛世"。汉代的文景之治,唐代的贞观之治和开元之治,这些盛世都是比较开明的。以唐代为例,太宗对太子说:"舟所以比人君,水所以比黎庶。水能载舟,亦能覆舟。"(《贞观政要·教戒太子诸王》)太宗问魏徵明君和暗君的分别,魏徵回答说:"君之所以明者,兼听也;其所以暗者,偏信也。"(《贞观政要·君道》）太宗深以为然。先天二年（713），玄宗任命姚崇为相。姚崇针对当时存在的问题，提出"十事"，在施行仁义、不求边功、停止宦官和外戚干政、免除杂税等十个方面申述了自己的意见，玄宗从谏如流，取得很好的效果。姚崇罢相时，推荐刚正不阿、直言极谏的宋璟继任相位。宋璟继续贯彻姚崇的政策，使得赋役宽平，刑罚清省，百姓富庶。

宋代的政治设计也有一定的开明性。宋代健全了一整套文官制度，皇帝和大臣、中央和地方、行政和监察，既相配合也相制约。就以皇帝与大臣的关系而言，陈亮引仁宗的话："然措置天下事，正不欲专从朕出。……不若付之公议，令宰相行之。行之而天下不以为便，则台谏公言其失，改之为易。"（《龙川集·论执要之道》）仁宗表示，处理天下事不专由自己一个人决定，便是一种相当开明的态度。

中华文明的历史告诉我们：文明的发展需要开明，唯开明才能广得人心，唯开明才能云蒸霞蔚。

中华文明的历史启示之四，就是选择革新。

中华文明在世界四大古老文明中，虽不是最早的，却是唯一没有中断过的。其中的原因很多，我在《中华文明史》的总绪论中做过一些说明。现在只想强调一点，就是中华文明中包含着变易的思想，具有自我更新的能力。《诗经·大雅·文王》赞美周文王说："周虽旧邦，其命维新。"这便是对"维新"的赞美。《周易·系辞上》说："日新之谓盛德，生生之谓易。"这指出不断变易是事物发展的普遍规律。《周易·系辞下》又说："易穷则变，变则通，通则久。"变，是从穷到通的关键。其实，《周易》

的这个"易"字，就是变易的意思。关于中国哲学中的变易思想，张岱年先生在《中国哲学大纲》中举了孔子、老子、庄子、张载、程颢、程颐、王夫之、戴震等一系列哲学家的言论，总结说："中国哲学有一个根本的一致的倾向，即承认变是宇宙中之一根本事实。变易是根本的，一切事物莫不在变易之中，而宇宙是一个变易不息的大流。"这种变易的思想，常常被用来作为变法的依据。近代的康有为托古改制，他说："故至变者莫如天。夫天久而不弊者，为能变也。"（《变则通通则久论》）这段话既符合传统的思想，又服务于其变法维新的主张，可以视为他对中华文明历史经验的总结。

验之以中华文明的历史，几千年来不知经过多少次大大小小的变革。就具有全局性的制度而言，从分封制到郡县制，从察举制到科举制，从城市的里坊制到街巷制，每一次变革都带来文明的长足发展。从分封制到郡县制，巩固了大一统的政治局面；从察举制到科举制，促成了新型士人的成长；从里坊制到街巷制，推动了城市经济的发展。如果就文学体裁这一个局部而言，从古体诗到近体诗，再到词和曲；从文言小说到白话小说；从杂剧到传奇……每一次变革都带来文学的突飞猛进。

毋庸讳言，中华文明中也包含着因循守旧的因素，所谓"祖宗之法具在，务行故事，慎所变改"（《宋史·王旦传》），诸如此类的话不胜枚举。回顾历史，凡是革新的力量占据主导地位的时候，文明就得以健康发展；凡是因循守旧的势力占据上风的时候，文明的发展便受到阻碍。

中华文明的历史告诉我们：革新是文明发展的必由之路，只有不断革新才能不断前进，只有不断革新才能保持旺盛的生命力。

中华文明的历史启示之五，就是选择开放。

中国的汉、唐都是开放的朝代，中外文化的交流十分活跃，所以有"汉唐盛世"之说。汉代通西域，带来了中亚和西亚的文明。公元前2年，佛教传入中国，在思想观念、生活习俗和文学艺术等许多方面，对中国固有文化产生了深远的影响。例如：佛教传入之前中国只有今生此世的观念，是佛教带来了三世（前世、今世、来世）之说，把思维的时间和空间都延展了。反切的产生和四声的发现都与佛经的翻译有关。随着佛经的翻译，汉语的词汇增加了，文学观念也多样化了，诸如"空"的观念、"境界"的观念，都与佛教有关。更值得注意的是，佛教与中国传统文化相融合而形成的禅宗，已经成为中国本土文化的一个重要部分。到了唐代，对外文化交流更加频繁。丝绸之路开通，形成双向交融的文化格局，唐代文化既得以向外广泛传播，同时也从外界得到很多的补充。当时的长安、洛阳、扬州、广州等大都市，都是中外文化交汇的地方。长安是当时最大的国际都会，在8世纪前半叶，人口已经达到百万之多，居住着许多外国的王侯、供职于唐朝的外国人，留学生、学问僧、求法僧，外国的音乐家、舞蹈家、美术家，以及大量外来的商贾。大食、天竺、真腊、狮子国、新罗、日本等许多国家的使臣络绎不绝。在宗教方面，除了道教和佛教，伊斯兰教、祆教、景教和摩尼教也都得以传播。唐太宗设立的十部乐，其中四部来自唐朝境内少数民族，四部来自国外。到了明代，一个具有标志性的对外交流活动，就是郑和下西洋，其足迹远达东南亚、南亚、西亚、东非等，密切了中国与一些国家的外交关系，成为中华文明对外开放的壮举。

中外文化的交流有利于双方的文明发展。中国的造纸术和印刷术传入欧洲，对西方文明的伟大贡献已是公认的事实。明末以利玛窦为代表的西方传教士用科学作为传教工具，激起中国一部分士大夫对西方哲学和科学的兴趣，其中包括古希腊哲学、伦理学、语言学、逻辑学、地理学、医学、生物学、数学、历算，以及美术、音乐、火器、水利、建筑等。而在哥伦布发现新大陆以后，16世纪至19世纪的300年间，玉米、甘薯和马铃薯等美洲作物的传入和推广，对中国开发地广人稀的山区，满足人民对粮食的需求，从而发展生产力，起到了关键的作用。

很可惜，在欧洲科学技术突飞猛进、工业革命带动西方社会迅速发展之际，中国的统治者却安于现状，闭关自守，以致中国在不长的时间内就明显地落后了。这是一个惨痛的教训！鸦片战争之后，中国的有志之士为了救亡图存，纷纷介绍和学习西方先进的文明，魏源编纂《海国图志》，提出"师夷长技"的方针，便是一个标志。此后，向西方学习经历了从科学技术的层面到政治、人文层面的深化过程。种种新事物迅速出现，中华文明开始逐渐融入世界文明的主流。直到今天，打开大门与走向世界，仍然是尚在继续的历史任务。

中华文明的历史告诉我们：开放是文明发展的重要条件，唯开放才能吸取其他文明的长处，唯开放才能自立于世界民族之林。

以上所讲的和平、和谐、包容、开明、革新、开放，就是回顾中华文明史所得到的主要启示。凡是大体上处于这种状况的时候，文明就繁荣发展，而当与之背离的时候，文明就会减慢发展的速度甚至停滞不前。我相信，上述各点对今日之中国有借鉴意义。也许，其意义会超出中国的范围，供更多的人参考。

最后，请允许我从中华文明的历史启示出发，就 21 世纪全人类的文明生态重申我的观点。

经济全球化在不平静中向前推进，看来已是大势所趋，而文化能不能或者要不要全球化？这关乎人类生存方式的选择，对此我们必须作出清醒的判断。

经济全球化促进了各国的经济往来，必定会在一定程度上减少各民族文化的差异，在一定程度上使人类生存方式趋同。但是，一个民族的文化传统是几千年或更长的时间内积累的结果。文化，是一个民族的灵魂和尊严，是一个民族区别于其他民族的标记。要将世界上各民族长期形成的、千差万别的文化变成单一的文化，是不可想象的。那种失去了多姿多彩的单调的文化，也是我们不愿意看到的。

因此，我主张不要笼统地提"全球化"，或者笼统地提"全球化时代"，应当对全球化加以分析。在经济的层面，全球化是大趋势。在科学技术的层面，那些给人类的生活带来方便的先进科技，更容易在全球推广。但是在精神的层面，因为涉及宗教信仰、民族心理、生活习俗、思维方式、语言习惯等，要想凭借强大的经济力量和军事力量，将某一种文化强加于人，是不可能的，也是不明智的！

我们可以清醒地看到，不同文明之间的隔阂是普遍而深刻的。以自我为中心而形成的种种偏见，会遮蔽人的智慧，而实际的利害关系又会迷惑人的良知，再加上语言交流的障碍，在不同文明之间，哪怕是互相理解、互相尊重都不容易，至于互相包容、互相吸收就更困难了。然而，时至今日，人类已经能够遨游太空，为什么不能放弃种种狭隘、固执和偏激的想法，以广阔的胸襟，对待文明的差异呢？为什么不能在平等的基础上，展开文明的对话和交流呢？为什么不能充分尊重各个民族或国家自己的选择呢？我相信：21世纪的人类，可以运用大智慧，展现大手笔，在不同文明之间找到密切沟通之路，搭起畅通无阻之桥，以促成不同文明的和谐相处，以造就世界的永久和平。

在当今世界上，孤立的民族文化是难以存在的，单一的全球文化也是不可思议的。不同文化只能以开明开放的态度互相包容，只能和平和谐地相处，以期达到共同发展、共同繁荣的目标。总之，经济全球化与文化多元化，这就是我们对21世纪人类生存方式的正确选择。

（本文根据作者在2006年北京论坛上的发言整理而成）

Peter J.
Katzenstein

一个多元与多重文明的
世界

彼得·卡赞斯坦
美国康奈尔大学教授,美国艺术与科学院院士,
时任美国政治学会主席。

一、一元文明观的盛行

在这个简短的发言中，我要提出两个基本观点。我们最好将文明理解为多元和多重的。和其他所有主流文明一样，中国和美国在这一点上也不例外，尽管它们都坚信自己的独特性是无可匹敌的。这种多元主义的主张和保守派与自由派那种过分自信、在东西方获得一致好评的论调是截然不同的。具体来说，这种多元主义的主张既不同于保守主义者的观点，即把文明视为围绕无可争议的核心价值观形成等级化组织的单一文明模式；也不同于自由主义者的观点，即坚信存在用以判断好的、文明的行为的明确的、无可争议的、自由的标准。

文明是存在于全球世界之下、民族国家之上的社会组织形式。从历史视角来看，文明以城市的生活方式和城市精英压榨农民的劳动分工为基础。在各个文明的中心地区，我们往往会发现宗教传统与世俗文化——具体来说是在文学作品中——交织在一起。

影响保守派和自由派思想的一元文明观是18世纪欧洲的一项发明。在19世纪，相信存在单一文明标准的观念被奉为圭臬。这种标准基于种族、族群归属、宗教，以及欧洲文明优越于其他文明的坚定信念。然而，对文明人和野蛮人的区分并不是只存在于欧洲历史中的特例。如今，这种看法赢得了塞缪尔·亨廷顿的"文明冲突论"的众多保守派支持者的广泛支持。（亨廷顿的《文明的冲突与世界秩序的重建》一书已被翻译成 39 种语言。）很多致力于改善法律准则和善政全球标准的自由派人士也持有这一观点。不仅如此，这种一元观在当今所有主流文明（包括美国、中国、欧洲、印度、日本、俄罗斯和伊斯兰世界）中都大有市场。无论何时何地，所谓的"野蛮人"都被认为已经叩开了文明之门。

亨廷顿在我们的时代重新提起了这一古老的一元观论调。他的《文明的冲突与世界秩序的重建》或许可以被称为自冷战结束以来国际关系领域出版的最有影响力的著作。亨廷顿认为文明具有和谐性、共识性、恒久性，且有国家般的行动能力。亨廷顿坚持一元文明观，但接受在多元文明的世界中有不同的行为标准。他对"9·11"事件的准确预判增强了这本书的可信度，使其至今仍有现实意义。但相比起学术界来说，公众却很少注意到亨廷顿夸大其词的部分。大量分析已经令人信服地表明，冲突主要源于文明内部，而非文明之间。不过，这本书的广泛吸引力并未因书中两个主要观点之一（涉及中美关系）的失败而受到削弱。自冷战结束以来，中美文明间的关系最好用诸如"交往"或"接触"而不是"冲突"这样的词来概括。

自由派则遵循与亨廷顿相反的逻辑。他们通常更愿意承认一个特定文明中存在多样化的文化范式；同时，他们很难摒弃评判好的文明间行为只有单一标准的观念。对于失败国家、善政良治的标准、产权、透明市场的长期激烈的辩论就说明了这一点。在上述及其他许多议题上，自由派的论述一般都基于存在单一行为标准这一不容置疑的假设而展开。因此，在美国和欧洲的自由主义公共话语体系中，"西方"这一概念是唯一的：它指的是基于西方理性发展的、把世界各部分整合起来的一种具有普遍性、本质性的完美范式。

无独有偶，亚洲也存在着一种深受西方理性思维影响但却是反西方的话语，并得到保守派和自由派的大力支持。这种观点宣称亚洲文明的主导者可能会从昨日的日本转移到今日的中国和明日的印度。这种论调甚嚣尘上。"东方主义"和"西方主义"一样都把东方和西方描述为一个单一的整体。尽管持一元文明观的人身处世界各地、意识形态各异，但这种一元观隐含着智识上的误导性和政治上的危险性。

二、多元和多重的文明：美国与中国

我在此强调，文明是多元的。从古代到近现代的历史来看，那种认为"西方"有着一成不变的集体身份认同并在文化上一向具有凝聚力的看法，是站不住脚的。第二次世界大战之后，德国曾被视为西方最顽固的敌人，近年来却被强力整合入"西方、文明、民主"联盟，以对抗所谓"东方、野蛮、专制"的潮流。此外，20世纪下半叶，尽管英美模式依然举足轻重，但资本主义民主的多样化已经成为西方的一个显著特征。根据卡尔·多伊奇

（Karl Deutsch）的说法，远至中世纪时期的欧洲存在六种不同的文明支流：环地中海沿岸的禁欲主义基督教文明、西欧和中欧的拉丁基督教文明、东南欧的拜占庭文明；这三个文明通过非洲—欧亚之间几个世纪以来盘踞在伊比利亚半岛的伊斯兰贸易圈连起来；此外，还有两个贸易文明——犹太文明和维京文明。由此可见，"西方"毋庸置疑是多元化的。

这种情况，不仅存在于"西方"文明中，也同样适用于其他文明。例如，中国并不是围绕毫无争议的儒家思想或亚洲价值观凝聚而成的。相反，中国围绕各种反映内部多元主义和外部环境变化的有争议性的"真理"，经历了多次冲突，这点和美国一样。与美国的自由主义相比，中国儒家思想同样有其可塑性，并经历过种种争议。19世纪末以来，儒家文化作为帝制的工具而遭到唾弃，并失去了作为政治意识形态的功能。但今天，由于儒家文化的人文主义色彩，形形色色的新儒学重新受到了人们的关注。19世纪以来，儒家文化曾被广泛视为导致过去中国诸多弊病的主要因素之一，但近年来，中国政府却积极致力于复兴儒家文化。这种意识形态是以尊卑有序、礼尚往来、纲常伦理的价值观为基础而运作的。从这些价值观发展而来的政治品质和人格品质——仁、义、礼、智、信，如今被视为一种财富而非糟粕。

儒家的人文主义道德和宗教关怀仍有助于解决当代中国一些迫在眉睫的问题。杜维明的概念化表述与什穆埃尔·艾森施塔特（Shmuel Eisenstadt）的著作及其关于多元现代性概念的论述是一致的。杜维明认为，文化中国的要旨在于中国人之为中国人的意义。这并不是一个地缘政治上的、语言学上的或种族上的概念，而是由大中华地区各国的跨国关系和文明与野蛮之间的模糊边界所界定的。文化中国产生于这些不同的华人世界内部及相互之间的对话，昔日华人世界的边缘地带如今对于中华文明圈的文明化发挥着不一般的作用。在中国以外但仍受到中华文化圈影响的地区如日本、韩国和越南，仍然可以看到儒家传统的身影。简言之，儒家文化有着不同的形态，它并不是根植于帝国、政体或现代民族国家土壤之中的中国人特有的本质属性，而是超越了国界、沿着中华文化圈的边缘地带被广泛加以运用的一种文化资源。

再者，在中国，儒家传统与道家、佛教、伊斯兰教、基督教、民间宗教、无神论、世俗主义等其他传统相得益彰、百家争鸣。也许，更引人注目的是多元文化传统的区域性复兴。中国分为东、西、南、北、中五个区域。在此，我只能高度概括和简化我的观点。我认为，中国沿海地区的世界主义、经济活力，同中国内陆地区的爱国主义、相对落后的经济，共同构成了当代中国多元的传统，并引发了中华文明内部各种不同看法之间充满生机的辩论。这些辩论与其他文明的利益也息息相关。当代中国的多次巨变让我联想到这样一个画面：一个在狭小浴缸里翻滚的巨人。巨人翻滚时难免水波四溢、遍地狼藉，并因此可能波及邻居。

作为一名在北京演讲的美国人，我以中、美两大文明为例说明文明的多重形态和多元性质。在这一点上，中国和美国一样，是一个再正常不过且并不例外的文明。我在今年夏天出版的《世界政治中的文明》一书中用相似的案例对世界所有其他主流文明进行了论证。"东方"和"西方"这样的概念从未准确地描述我们的过去,也不能准确地描述我们的现在,更将无法准确地描述我们的未来。这些分类创造了一个假想的世界,知识分子在这里为了名利而进行学术论战,政治家为了争权夺势而误导公众陷入无谓的政治风险或军事对抗。

只要文明存在,它就削弱了保守派对于军事优势的信心,以及自由派对于普遍性的世俗自由主义规范优越于其他规范的假定。如果世俗自由主义的价值观天然具有压倒性吸引力的话,那么自由主义者就没有必要在过去 200 年间那样勤勤恳恳地培养这种吸引力,(因为)吸引力只需毋庸置疑地接受世俗自由主义所提供的普遍标准即可建立。文明的政治值得我们注意,因为它们削弱了保守派和自由派群体中盛行的偏见,也逐渐削弱了社会科学和人文学科曾经珍视的概念。

同所有其他主流文明一样,在中国和美国的案例中,文明内部的多元化因为其所身处的大环境而得到强化。这里的大环境并不是指以国家为单位的国际体系或国际市场,这些概念过于空洞和抽象,而是指"全球人类世界"(global ecumene),用以形容知识和实践的普遍体系。"全球人类世界"并非一个共同标准,而是存在于基本人性之中的一种松散的共同价值观,其中蕴含着许多相互矛盾的概念。这种松散的共同价值观关注全人类物质和精神层面的福祉。全"人类"的"福祉"和权利不再是某一文明或文明群、政治结构或意识形态的特权或产物。相反,服务于人类福祉和人权规范的技术逐渐普及,并为所有文明提供了蓝图。"全球人类世界"并不具体指某一种政治道路的实践。它确实提供了一张通常不被遵循的蓝图，在今天的所有文明中为政治权威和合法性提供了基础。所有国家、政体和帝国都声称其是为个人福祉服务，而人人享有不可剥夺的固有权利也获得了普遍承认。这些进程的存在强化了文明中固有的多元性。它们削弱了把单一标准强加于多元世界的思想和政治上的帝国主义，以及会强迫我们接受任何政治行为的价值相对主义。这两个进程是包含所有主要文明的现代性文明的特征。它们逐渐瓦解了专制的政治能力，侵蚀了滥用职权的道德基础。

三、文明进程

文明不是一种给定的状态，而是由人类实践创造的进程。那些自认为文明开化的人，在更早的时候也曾是蒙昧的，且无法确保不在未来落入未开化状态。这些实践日积月累，被归纳为诸如"美国化"或"中国化"的文明进程。这些进程反复塑造着人类行为和符号的边界，并交汇成为一种波及全球范围的现代性文明。

在人类多种多样的实践活动中，我们不难发现跨文明的交往及文明间的碰撞。文明的内外部关系中充斥着论争和矛盾，而论争带来不同的进程和结果。其中一种结果是文化帝国主义，即把一种文明的规范和实践单方面强加于某地本土的规范和实践，以图取代或摧毁它。第二种结果则是当地人囫囵吞枣地全盘接受外来文化产品及实践的皮毛而非精髓。最后，第三种结果，也是最典型的文明间关系，即一种由本土规范和实践与部分外来实践融合而成的混合式的世界。这阐明了文明进程的给予和接受——文化原料，如信息、观念、价值、规范、身份认同的交换。这种交换强调了不同文明内部和彼此间实践的动态平衡（而非权力的平衡）。

四、结论

我在此强调世界文明的多元性和多样性，中国和美国都能够正常地、无例外地融入这样的世界。中国和美国远非独一无二，而是存在与所有其他主要文明相媲美的关系。我们世界上的文明很大程度上是以文明间的碰撞和跨文明的交融为特征的，只有极少数文明冲突的情况。中美文明关系过往的 30 年为这一命题提供了充分证明。因此，我强调西方和东方的保守派和自由派共同持有的先入之见是严重错误的。这些先入之见没有帮助我们建立一个更美好的、更多样化的、让所有文明在同一环境下教学相长的世界，而是建立了一个充满恐惧与高墙的世界，在这样的世界中，文明沦为传递唯一"正确"道路的独白——由此带来的不是碰撞和交融，而是冲突。

当前，我们正处于一个艰难的时代。仅仅一年之前，全球经济还正处于崩溃的边缘，这是由欧美主要金融中心中一小撮具有影响力的精英和机构在经济上的自私和鲁莽导致的。大规模的国家行为把全球资本主义从悬崖边拉了回来。但是，这并不能阻止这场已经在全世界范围内波及数十亿人的浩劫。1997 年亚洲金融危机和2008年美国金融危机的缘起惊人的相似。在1997年以前，从东京流出的热钱流向整个亚洲，以期获得高于其能够在日本获得的收益。在2008年以前，华尔街发明并向全球推销新式金融产品，而人们误以为这些产品已解决了经济风险问题。在这两次事件中，是不同国家经济体、政府和文明经济政策的多元化阻止了浩劫演变为更大的灾难。多元和多重文明使制度与实践的多样性合乎情理，因为多样性是一种美德。没有哪一种市场经济模式（美国、欧洲、印度、伊斯兰世界、日本、中国）是完全有效和正确的。因此，对于一个过于复杂以至于无法服从单一经济逻辑的世界来说，多元和多重文明就像是减震器。协调而非冲突，是以多元文明为基础的世界经济秩序的特点。

然而，未来我们可能需要面对各类冲突和潜在的暴力。这呼应了汤因比式的"大文明"（Civilization）——以大写字母C开头，且是单数形式。全人类以及与人类共享地球的其他物种和生态系统正面临着事关"大文明"实际生存的各种威胁。在这一表述中，对"大文明"的身份认同本质上是物理的，而不是原生的、话语的或倾向性的。它可能会引发旨在建立一个"大文明"命运共同体——有点类似于过去的国家命运共同体——的社会与政治运动。但即使是在这种不同类型的文明冲突即"大文明"冲突中，政治（无论在科学、社会运动、教育还是其他领域）都仍将居于核心地位。多元和多重文明是否拥有足够的创新潜力和学习能力，以产生成功的应对策略来捍卫以大写字母C开头的单数"大文明"，仍是一个尚无确定答案的问题。

鲁德亚德·吉卜林（Rudyard Kipling）创作的诗歌《东西谣

曲》的开篇有云：东西两端永不相遇。吉卜林错了。文明最相似之处不是它们的文化连贯性、孤立性或冲突的倾向，而是它们的多元差异、多样性以及接触和交往。我们应该抵制二分法所带来的过度简化的诱惑。与之相反，我们应欣然接受我们的文明世界所带来的思想和政治的机遇。有学者把这称为"被污染的世界主义"（contaminated cosmopolitanism），这个说法很好地概括了不同文明异中有同、同中有异的错综复杂的现象。而这种同异交错并存的现象，正是多元与多重文明世界的最本质特征。

（本文根据作者在2009年北京论坛上的发言整理而成）

Yulie
Lou

中国文化中以人为本的人文精神

楼宇烈

北京大学哲学系教授，北京大学宗教文化研究院名誉院长，教育部社会科学委员会委员，全国古籍整理出版规划领导小组成员。

与西方文化相比，以人为本的人文精神是中国文化最根本的精神，也是其最重要的特征之一。中国的文化不是靠一个外在的神或造物主，而是靠人自己道德的自觉和自律，强调人的主体性、独立性、能动性。中国家庭秩序和社会秩序的维护都是靠人的道德的自觉和自律。这就是中国文化以人为本的人文精神。

中国文化中以人为本的人文精神是中华民族对人类的一项重要贡献。在我们很多人的观念里，现在的人本主义是西方的舶来品，却根本不知道它原来是中国文化的"土产"、特产。而西方文化中近代以来所高扬的人本主义思想，与中国文化中的人本思想有着密切的关联。

在中国文化中，从西周以来就奠定了以人为本的文化精神和文化品格，而西方在公元以后奠定的是以神为本的文化，直至欧洲启蒙运动时期才高举起人本主义的旗帜，启发人不要做神的奴隶，要做人自己。它的思想来源之一是古希腊罗马文化，而更重要的来源是16世纪以后传教士们从中国传回去的中国以人为本的人文文化。他们用中国的人本思想去批判欧洲中世纪以来的神本文化，高扬人类理性的独立、自主，把中国看作最理想的一种社会。所以欧洲的人本主义是从中国传过去的，受到中国文化很大的影响。

对于中国这样一种文化的形成及其特点，我觉得我们一定要知道中国文化中的两个优秀传统：一个是"以史为鉴"，一个是"以天为则"。关于"以史为鉴"，唐太宗说："以铜为鉴，可正衣冠。以古为鉴，可知兴替。"（《新唐书·魏徵列传》）这句话强调了历史经验的重要性。正因为如此，中国的历史著作在全世界是最系统、最完备的，中国有二十四史或者说二十五史，还有很多野史或辅助性的历史资料。中国每个朝代等到政权相对稳定以后，做的第一件事情是制礼作乐，做的第二件事情就是修前朝的历史。中国以人为本的人文精神就是通过"以史为鉴"总结出来的，是这个传统的一个成果。

西周初期人们反思夏、商两代兴亡的原因。通过对历史的观察，他们看到夏代以大禹治水为开端。当时天下洪水泛滥，民不聊生。大禹把水灾治好，让老百姓安居乐业，大家拥护他才建立了夏朝。可是最后一个君主夏桀，荒淫暴虐，老百姓一天到晚在诅咒他："时日曷丧？予及汝皆亡！"（《尚书·汤誓》）就在这样一个"有夏昏德，民坠涂炭"（《尚书·仲虺之诰》）的时期，商部落在成汤的带领下终于推翻了夏朝，建立起商朝，老百姓歌颂他把人们从水深火热中解救了出来。商代是中国历史上非常重要的一个时代，我们现在能看到的早期相对成熟的文字就是商代的甲骨文。商代人很信天命。而最后一个天子纣王，也是荒淫暴虐。他在位的时候已经出现了民心叛逆的情况，大臣祖伊告诉他民心都要归向周部落了，得注意了。纣王却说："呜呼，我生不有命在天？"（《尚书·西伯戡黎》）在中国文化里人们把皇天也看作自己的祖先，认为祖先去世以后就在天上保佑着子孙。纣王自认为周人也奈何不了他。可他哪里知道，西北地区的周部落在民众的拥护下，在文王、武王的带领下，推翻了商朝，纣王兵败后就自杀了。商灭夏，周灭商，在历史上被称为"汤武革命"。

这两代的历史给了周王朝非常深刻的教训。以历史作为一面镜子，周王朝从一开始就认识到一个道理："天命靡常。"(《诗经·大雅·文王》) 天命是会被别人革掉的。那天命怎么变化，根据什么变化呢？《尚书》里记载了周对历史的总结："皇天无亲，惟德是辅。"(《尚书·蔡仲之命》) 这是非常重要的一句话。因此周人提出了一个重要的观念——"敬德"，而且要"疾敬德"(《尚书·召诰》)，即努力地、快快地提升自己的德行。这就形成了中国文化的一个根本特性，即决定命运、政权兴亡的不是外在的力量，而是人自身德行的好坏。上天是根据民意来做事情的，《尚书》里有很多这样的记载，如"民惟邦本，本固邦宁"(《尚书·五子之歌》)，"天视自我民视，天听自我民听"(《尚书·泰誓中》)，等等。春秋时期齐桓公和管仲曾有一段对话：

> 齐桓公问于管仲曰："王者何贵？"曰："贵天。"桓公仰而视天。管仲曰："所谓天，非苍茫之天也。王者以百姓为天。"(《韩诗外传》卷第四)

所以中国文化里的"天"不是简单地指天空的天，也不是指造物主的天。天的含义很丰富，是自然而然天道的天，也是代表民意的天。中国文化以人为本的人文精神的重点就在于人不是由外在的力量、命运主宰的，不是做某一个神的奴隶，而是要靠自己德行的提升而立足于世。

所以，中国文化非常强调修身。《大学》的第一句话是："大学之道，在明明德，在亲民，在止于至善。"第一个"明"是发扬光大，第二个"明"是形容这个德是光明正大的。每个人都有明德，我们要把它发扬出来。这几句是《大学》的"三纲领"。《大学》还有"八条目"：格物、致知、诚意、正心、修身、齐家、治国、平天下。其中，修身是关键，所以说"自天子以至于庶人，壹是皆以修身为本"。修身就是自我德行的完善和提升，不仅仅是在口头上、认识上，更重要的是在行动上、实践上提升自己。

这是中国文化的根本特点。其核心就是决定人的命运的根本因素是人自己的德行，以"德"为本，而不是外在的"天命"。人不能成为"天命"（神）的奴隶。而为了保持和不断提升自我的德行，就必须防止物欲的引诱和腐蚀，人不能成为物的奴隶。先秦末期的思想家荀子在书里记载了一条历史上流传下来的谚语："君子役物，小人役于物。"意思是说，君子能够控制和管理物，而小人就会被物控制住。古代还有一本书叫《管子》，其中有篇文章叫《心术下》，这篇文章讲得很清楚，"心"在人体中处于君的领导地位，五官处于臣的地位，"无以物乱官，毋以官乱心"，眉眼耳鼻口这些感官要受心的统治和管理。五官与外界接触之后是去管理外物的。眼睛看到美色、鼻子闻到香味、嘴巴尝到滋味……它们得去管理物，不能反过来让这些物管住，同时，不能让五官管住心，一颠倒就变成小人了。能够用心管住五官，用五官管住外物，这就是君子。所以要成为一个有独立性、主体性、能动性的人，就不应该被物管住，不能被物欲所腐蚀，否则会丧失品德。

我曾对中国文化这一以人为本的人文特色做过一个简单的描述，即"上薄拜神教，下防拜物教"。

前面提及中国文化以人为本的思想，对欧洲由中世纪进入近代社会曾起过重要的启蒙作用和推动作用。其实，其影响不止如此。20世纪上半叶，发生了两次世界大战，发源地都在欧洲。人类社会竟然发生如此残酷的互相残杀的战争，其原因究竟是什么？追究战争的最终目的，无非是对资源、财富的争夺。人为了得到资源和财富，而不顾道德、不择手段地去相互残杀，人完全被物欲所左右，人又一次自我异化，丧失了人的主体性、独立性和能动性，而沦为物的奴隶。因此，两次世界大战后，西方一批有见识的思想家，又一次提出了要确立人本主义的问题，高举起新人本主义的大旗，而且几乎一致认为，这种新人本主义的思想资源要到中国传统文化中去汲取。如果说，17—18世纪欧洲在启蒙运动时期，从中国文化中汲取到的以人为本的人文文化是为了使人从神的脚下站立起来，不做神的奴隶，而做一个独立主体、理性自由的人，那么20世纪两次世界大战后高举新人本主义的大旗，就是为了使人从物的牢笼中解脱出来，做一个遵循人道、关爱人类、自觉自律的人。

然而，人要自觉地从物欲中解脱出来是何等不易，人要自觉自律地奉行"为人之道"又是何等艰难，当今世界人与人之间争斗不已，民族之间、国家内部及外部大小战争不断，新人本主义的大旗仍需要继续高举，再高举。

启蒙运动时期的人本主义思潮在欧洲，在冲破中世纪神本主义文化的过程中获得了极大的成就，发展出的西方近代以来的理性文化推动了人类社会史无前例的科技、人文文化的大发展、大进步。但同时，我们也必须注意到中国文化中以人为本的人文精神在欧洲西方文化传统的影响下所发生的变异。那就是，在西方传统文化中，那种非此即彼的二元分离乃至对立的思维方式所带来的问题，即当人类从神的脚下站立起来以后，人的主体性、独立性、能动性得到肯定以后，人就要代替神来主宰天地万物了。随着理性被肯定，科学发展了，科技力量得以增强，那时的人都喊出了"人定胜天"的豪言壮语，认为人类应当而且能够征服自然、改造自然。同时，在作为人类理性力量的成果——科学和技术的日益发展、进步下，"科学主义""科技万能"的思想日益滋长。人类自以为凭着人类理性的力量和科学、技术的力量，可以随心所欲地去征服自然、改造自然、主宰宇宙。原来与神本文化相对的人本主义逐渐异化为人类要去主宰天地万物的"人类中心主义"了。而人类对自然的征服与改造，又异化成了对自然资源财富的过度开发和掠夺以满足人类的物欲，使人沦落为物欲的奴隶。这也是现代西方社会批判"人类中心主义"思想的根本原因。

其实，中国文化中以人为本的人文文化是不会异化成为"人类中心主义"思想的。原因是中国文化中还有一个重要的优秀传统，即"以天为则"的传统。中国的以人为本是强调人的自我管理，是向内管住自己。不仅仅要管住自己的感官，更要管住自己的心。人只有管住自己的心，才能管住自己的行为。"心之在体，君之位也。九窍之有职，官之分也。"（《管子·心术上》）"君子役物，小人役于物。"人要保持品德，就要警惕物欲的腐蚀。

本来西方用人本主义对抗神本主义是要强调人在各方面理性的意义和人的道德自觉的意义，但在西方文化的传统下，西方人的价值观念，特别是思维方式是非此即彼、二元分离、对立的思维方式，好就是绝对好，坏就是绝对坏，导致了人本主义的变异。这个变异是造成后来很多问题的根源。他们看到神本文化束缚了社会的发展，束缚了人类理性的能动力量，而人本可以让人从神的脚下站起来就是绝对好，因此走向了另一个极端。原来是上帝决定一切，现在是人决定一切，自然界万物都要受人的主宰，人代替了上帝。人本主义蜕变成人类中心主义。人们没有想到，人要决定一切，结果人却被一切决定了。西方近代社会发展起来以后，为了争夺资源、财富，人什么事情都可以做，反而失去了自我。

中国文化中的第二个重要传统是"以天为则"。孔子说："大哉尧之为君也！巍巍乎！唯天为大，唯尧则之。"（《论语·泰伯》）中国人非常强调以天地为榜样，向天地学习。如果去孔庙，人们就可以看到，我们是用"德配天地""德侔天地"来赞扬孔子的。圣人的品德能够与天地相配，与天地一样高明博厚。所以，人绝对不能去做万物的主宰，相反，恰恰是要向天地万物学习。道家讲的"道法自然"也是这样。"自然"不是现在自然界的概念，而是说事物的本然，是自然而然、本然的状态。道法自然就是强调人应该尊重事物的本然状态。

天地有很多品德。我们看到天地从来没有因为喜欢或不喜而舍弃一些东西，天上的太阳、月亮、星星也是光明普照的。"天无私覆，地无私载，日月无私照。"（《礼记·孔子闲居》）天地是这样广大无私，广阔包容。人们首先就要学天地的这种品德。很多人说中国的文化讲的是天人合一，其实更准确地说应当是"天人合德"，即人与天在德行上的一致。天地是非常诚信的。孔子说："天何言哉？四时行焉，百物生焉。天何言哉？"（《论语·阳货》）这句话用一个字表达就是"诚"。《中庸》里讲"诚者，天之道也；诚之者，人之道也"。孟子也说："是故诚者，天之道也；思诚者，人之道也。"（《孟子·离娄上》）这也就是说，人道是从天道学来的。天道是诚，所以我们人也要诚。这一说法在《周易·观卦·彖传》里也可以得到印证："观天之神道，而四时不忒。圣人以神道设教，而天下服矣。"这里的"神"不是造物主的神，"阴阳不测之谓神"，"知变化之道者，其知神之所为乎"。（《周易·系辞上》）在中国文化中，神最根本的含义是指万物的变化。过去我们把"神道设教"曲解得一塌糊涂，以为就是抬出一个神秘的高高在上的神来教化大家。其实，这里一点儿神秘主义都没有。我们观察天的变化之道，看到春夏秋冬四时是没有差错的。这就是诚。圣人按照天的这样一种神道——"诚"来教化民众，天下就太平了。所以说，人最主要的品德都是从天地中学来的。

我们不仅要向天地学习，还要向万物学习。唐代诗人白居易的一首诗中，这样描述小草："离离原上草，一岁一枯荣。野火烧不尽，春风吹又生。"（《赋得古原草送别》）这是要人们学习小草顽强的生命力。徐庭筠有两句诗是描写竹子的，诗句是这样写的:"未出土时先有节,便凌云去也无心。"(《咏竹》)这是用竹子做比喻,要人们学习它那样从根子上就有的谦卑的气节,地位身份再显赫也要虚心谦下。而最值得人学习的物,就是"水"。老子《道德经》中说:"上善若水。"也就是说,水具有最高的品德。很多书里记载说:孔子遇水必观,中国最注重向万物中的水学习。水的品德太多了。水总是往下流,普润万物,从来不居功自傲,要求回报。这是谦虚的品德。水也能够包容万物,它没有自己的形状,而是随器赋形。所以孔子说:"君子不器。"(《论语·为政》)水还有坚忍不拔、以柔胜刚的品德。水滴石穿,最柔弱的水滴穿了坚硬的石头,就是因为水有坚忍不拔、坚持不懈的精神,一滴、一滴、又一滴,一年、十年……,最终把石头滴穿了。古人说女人是水做的。女人柔弱,可她又有一股韧劲儿。以柔克刚,刚柔相济,这是双赢。如果以刚对刚,一定是两败俱伤。现在社会上能懂得柔的道理、运用柔的方法的人太少了。现在社会上女性的作用日益凸显,人们常常用阴盛阳衰来评说,其实这只是从现象上看,说阴盛阳衰,而实际上是阳盛阴衰。因为本来应该阴的、柔的,现在都变成阳的、刚的了。拿人类与整个自然来说,如果说整个自然是阳,人类是阴,现在人要去征服自然,人就变成阳了。以阳对阳,所以我们人现在遭殃。我们是阴,就应该顺自然。很多人认为老子的自然无为是无所作为。其实,无为者非不为也,"若吾所谓'无为'者,私志不得入公道,嗜欲不得枉正术,循理而举事,因资而立功",而总起来讲是"推自然之势"。(《淮南子·修务训》)这也就是《老子》中讲的"辅万物之自然而不敢为"。辅助当然要有动作、行为,但不能以自己的私志、嗜欲去干预事物，不仅要遵循事物本然之理，还要看其所依靠的环境、条件是不是成熟。所以说，自然无为恰恰是最积极的有为。

因此，中国文化一方面强调人不能做神的奴隶，也不能做物的奴隶，而要做人自己，保持人的主体性、独立性和能动性，但另一方面也强调人不能狂妄自大，去做天地万物的主宰，人要虚心地向天地万物学习，尊重自然，顺应自然。这就是中国文化中"道法自然""天人合一"的优秀思想。"以人为本"的人文精神与"道法自然""天人合一"思想的结合，保证了中国文化中的人本主义不可能异化为"人类中心主义"。

纵观过去几百年来的历史，人与自然的关系、人与人（社会）的关系、人自身身与心的关系，日趋紧张、恶化，其中的重要原因之一，就是以人为本的人文精神的丢失。因此，现在亟须重振以人为本的人文文化，而扬弃异化了的"人类中心主义"，以及与此相关的"科学主义""科技万能"等思想。正确地阐释和弘扬中华文化中以人为本的人文文化的真正意义和精神，将它贡献给世界，是当前继承和弘扬中华优秀传统文化的重要任务。

（本文根据作者在2014年北京论坛上的发言整理而成）

Chengdan
Qian

文明的多样性与现代化的未来

钱乘旦

北京大学博雅讲席教授，北京大学区域与国别研究院创始院长，中国英国史研究会荣誉会长。

今天，世界许多国家的几百位学者从不同的方向来到北京，追求我们共同的目标——人类的繁荣与共同进步、和平而安宁的共同世界。会议结束后，我们又将返回四方，怀抱着共同的责任：维护人类共同的家园，瞻望人类共同的未来。其实，人类文明几千年的历史，恰如我们这一次盛会，不同的文明来自不同的方向，却肩负着人类共同的使命。各位朋友，我长期以来对人类文明的发展历史感兴趣，愿借今天这个机会，与大家分享我的体会。

大家知道，几百万年前人类就开始脱离动物界，然而进入文明时代的时间，大概只占人类全部历史的千分之一多一点。文明之所以形成如此之晚，是因为它需要诸多条件，其中最重要的条件之一，是原始状态中各种不同的人群（比如部落、血亲集团）之间的交流，迫使他们改变原有的生存状态，从而突破血亲的纽带，形成地域性的社会组织，也就是早期国家。我们都知道，最古老的文明出现在大河流域，比如尼罗河、黄河、底格里斯河和幼发拉底河、印度河等。这里除了"水源"这个因素，"交往"的重要性常常被忽视：河流是远古人类最便捷也是最容易利用的交往通道，住在水边的先民，最容易与其他人群交往，包括物资交换、掠夺、征服与反征服、技术与器具的交流等，因此也最经常承受改变自己的压力，以应对种种变化。文明就是在这个过程中产生的——水给人类带来文明。老子说："上善若水。"（《道德经》）在住在水边的人中最容易产生文明，水把星星点点散布在各处的早期文明幼芽连接在一起，形成了文明成长的中心。

欧洲最早的文明也出现在水边，只不过那片水是海而不是河。和其他地区的早期文明有一点不同，古希腊文明以"城邦"为最显著的特点。"城邦"这种早期的国家形态，在世界其他地方也曾出现过，比如在两河流域下游。不过，希腊却被城邦制度"固化"了，长期不变化，长期不发展，几百个城邦组成"希腊世界"，相互间有永远打不完的仗。世界其他地方，像波斯、埃及、两河流域，乃至中国，最终都向地域国家或"帝国"发展，这是古代世界的共同现象，由此就发展出许多地区性的强大国家。但古代希腊没有出现这种情况，结果，辉煌无比的古希腊文明在历史的长河中如同流星般一闪而过，很快就在茫茫的黑暗中湮没了。古希腊的情况很特别，在古代世界不是普遍现象；可是近代以后却有人把这种独特的现象说成是"普世"的，历史由此被修改了。

古希腊的另一项遗产是城邦民主制，它也被后来的人们重新装饰，并且被说成是"普世"的价值。我在这里并不想讨论"普世价值"是否存在，我只想指出一些人所共知的事实：在"希腊世界"的数百个城邦中，伯里克利时期的雅典民主是一个特例，在雅典自己的历史上，它也只存在了几十年的时间；至于在其他希腊城邦，则存在着不同的政治制度，比如在斯巴达。而且，伯罗奔尼撒战争后，人们普遍认为是雅典的制度导致了雅典的失败，因为城邦的力量被分解了，无法发挥有效的作用。修昔底德作为雅典的爱国者对此痛心疾首，他的《伯罗奔尼撒战争史》总结了这个教训。亚里士多德对希腊城邦民主制的负面评价影响了整个欧洲的政治观念，在此后2000多年的时间里，"民主"被视为贬义词。值得注意的是，古代罗马，作为古希腊文明的直接继承者，在诸多方面都体现了古代希腊的传统，但在政治领域却有明显的背离：第一，它是以希腊那样的城邦开始的，后来却发展成帝国，变成一个庞大的权力集中的国家；第二，在罗马国家发展的历史上，出现过迄今为止人类所知道的几乎每种政治制度，却唯独没有"民主制"。很明显，罗马修正了希腊的实践，它的发展更符合古代世界的共同走向。

我指出这些事实，只是想说明：文明从一开始就是多种多样的，每一种文明都有它特定的时空背景。历史证明，古代文明充满了多样性。人们一般说，两河流域是人类最早的文明发源地，文字、宗教、社会分化和国家架构等都最早出现在这里。就国家而言，这里曾出现过一批地区性的霸权国家，如大名鼎鼎的巴比伦、亚述等。不过很奇怪，两河流域既没有发展出希腊那样的城邦世界，也没有组建成罗马那样的大帝国。古代两河流域战乱不断，不同的种群进进出出，带来不同的文化。尽管"肥沃新月区"很早就出现发达的农业，但政治与文化领域始终不能统一；直至伊斯兰教兴起后，它才成为世界性的经济、政治和文化中心。

埃及的情况恰恰相反。埃及在公元前3000年就完成了上、下尼罗河的统一，法老作为神和太阳的子孙牢牢地控制着国家，实行神权加王权统治。这样的制度，在"荷马时代"刚降临希腊半岛时，已经在尼罗河流域静静地流淌了2000年。如果意识到耶稣纪元迄今为止也只有2000多年（美国建国只有200多年），就能明白古代埃及文明有多么强的生命力！但这样一个古老的文明后来却被罗马摧毁了。有趣的是，恺撒征服埃及后，罗马共和国也变成了罗马帝国，这让现代的所谓"普世主义"者有一点难堪，因为按他们的说法，应该是帝国在前、共和国在后。印度的情况又和埃及不同。印度河流域曾经有过远古文明，雅利安人到来后，消灭了原有的古老文明，带来了种姓制。在印度漫长的历史上，小国林立，王政盛行，小国之间长期攻伐，无休无止地争霸夺权。可是在种姓制的严格控制下，印度社会却出奇地稳定，时钟在这里几乎停摆。印度历史上出现过几个强大的王朝，但通常只是过眼烟云。政治的分裂和社会的超常稳定是古代印度的显著特点，直到18世纪英国人到来，他们才把整个印度变成其殖民地。

波斯是又一个古代文明地。20世纪，巴列维国王曾经非常自豪地说：古代伊朗是第一个学会在一片广大地域中建立并管理一个帝国的国家，它的经验为后来的帝国所借鉴。这个说法应该不错。不过波斯却在希波战争中被打败，希腊人说：这是自由战胜了奴役（希腊人忘记自己实行的奴隶制了）。可是后来，希腊又被马其顿打败了，在希腊人眼里，马其顿却是"不自由"的。让人难以置信的是：被马其顿打败后，希腊人就跟着亚历山大进行东征，在东至印度边界、西至突尼斯的广阔土地上实行所谓"东方式"的统治，也就是被希腊人嗤之以鼻的所谓"东方专制主义"。这一段历史十分吊诡，再一次证明了文明的多样性：文明并不像所谓"普世主义"者认定的那样，由一种固定的价值指导。

在西方人眼里，最神秘、最难以理解的是古代中国。中华文明有多重起源，黄河不是其唯一的摇篮。5000多年前，在从黄土高原到东海之滨的广阔土地上，已经形成众多的"酋邦"；这些"酋邦"渐渐融合，最终向统一国家的方向发展。4000多年前，"夏"已经是一个庞大的地域性国家；3000多年前，商帝国用文字记录了自己的存在。当欧洲尚处在荷马时代时，周天子已经用分封制规范了土地的分配形式和社会的等级秩序，而类似的制度，要到西罗马帝国崩溃后，才在欧洲的法兰克王国逐步形成。我向学生讲述西欧的封建制度时，学生们常常问：西周的分封制是不是很像西欧的封建制？我说应该这样问：西欧的封建制是不是很像西周的分封制？毕竟，西周的分封制比西欧的封建制要早1000多年！西周分封制造成社会严重解体，持久的动乱延续了数百年——正如同在西罗马解体、封建制形成后，西欧也经历了数百年动乱。有过这一段经历后，秦始皇在公元前3世纪统一了中国，统一从此就成为中华古典文明中最珍贵的遗产，它保证了中华文明的延绵不断，保证了国家的永续长存。在世界所有文明中，中华文明是唯一自远古至今日未曾中断的一个文明，政治统一是它的保障。

除了政治统一这个因素，还有一种强大的思想黏合剂，那就是孔子的学说。孔子生于"轴心时代"，他所生活的中国正处在严重的动荡与分裂中，他希望结束动荡，回归秩序，因而设计了一套关于秩序的学说，将人和自然都置于其中。这套学说承前启后，成为中华古典文明之集大成者；它崇尚和平、反对战争，倡导公德、拒斥私利。几千年来，它一直是中华文明的精神载体，保证了中华文明的生生不息。

文明需要载体，没有载体，就没有文明。在我看来，文明须有两个载体：一是政治的载体即国家，二是精神的载体即意识形态。"轴心时代"之所以伟大，是因为它催生了人类多种文明的精神载体，后来各种文明的发展，多少都表现为对"轴心时代"精神产物的继承与变异。"轴心时代"的伟大智者如孔子、释迦牟尼、亚里士多德、犹太教先知，还有其他人，他们的学说或宗教，承载了文明的生存力。而中华文明的特殊之处，就在于孔子的学说（精神载体）与帝国的结构（政治载体）高度结合，形成了思想与国家的完美对接。在中国几千年历史上，社会稳定和经济繁荣有直接的联系：凡是社会稳定，经济就繁荣；凡是社会动乱，生灵就涂炭。孔子的学说之所以成为中华古典文明的核心价值体系，有其深刻的社会学根源。

相比之下，西欧的情况不是这样，思想与国家未能理想对接，对后来的发展造成不利影响。公元前 3 世纪至公元 3 世纪，汉帝国和罗马帝国曾分别称雄世界东、西方，它们势均力敌，经济与社会发展水平旗鼓相当，是当时的"超级大国"。但是从公元 4 世纪起，东、西两大帝国都陷于混乱，都经受了长时期的"蛮族入侵"。

公元 7 世纪，唐帝国在东方崛起，把中华文明推进到一个新的高峰；欧洲却进入"封建时代"，这个时代的最大特点是国家政权与意识形态分离，所谓"恺撒与上帝各管一摊"。尽管我们知道：欧洲中世纪并不"黑暗"，它仍然充满生机，但是与世界其他地区相比，却落伍了。从此以后，东、西方文明拉开了距离，"东方"几个文明不断放出异彩，包括印度、阿拉伯、奥斯曼，甚至拜占庭。中国则一枝独秀，按照美国加州学派的估算：在18世纪之前的1000多年时间里，中国的GDP总量始终居世界第一；东方"先进"、西方"落后"的态势长期不变。

为什么在这1000多年的时间里，东方始终"先进"，西方却一直"落后"？原因其实很简单，那就是西欧的封建制度使社会高度碎片化，缺少凝聚力，处在无穷无尽的动荡中。前面说过，类似的情况在中国的周朝就出现过，结果是春秋战国500年的动乱；秦汉以后，中国改变了这种状况，它的稳定与繁荣就一直保持下来。因此，西方想要摆脱中世纪的落后，就需要整合社会，重新建立统一的国家；这一次，他们创造出一种新的国家形态，即现代民族国家。这种国家与世界上曾经出现过的所有其他国家形态都不同，它以民族共同体作为政治支撑点，以民族认同感作为思想支撑点，在这种国家的扶持下，西方开始了它在近代的崛起。

有一个现象特别值得注意，那就是欧洲早期的民族国家是从专制制度起步的，西方的崛起正是从这里开始。专制王权把西欧各国从封建分裂状态中拉出来，构造了早期的民族共同体。这个现象在西欧所有国家中都曾出现过，尽管现在有些人很不愿意提起这段往事——不愿意说专制统治也曾经在西方普遍存在过。但历史终究是历史，抹杀是不可能的；人类文明从来就有多样性，它是以时空的规定性为转移的。

这样，在1500年前后，人类进入一个新的时代，它以西方的崛起为标志，翻转了东方"先进"、西方"落后"的布局。伴随着个性的张扬、商业的兴起、市场的躁动和工业的成长，一种新的文明在西方兴起。资本主义携带着永无止境的追求欲，在整个世界无限制地扩张。一种新的意识形态主宰社会，在这个社会中，资本是中轴，工业和商业围绕它旋转，崇拜上帝变成了崇拜金钱，科学和技术是资本的工具。从那个时候起，西方就成了世界的牵引机，整个世界都被它拉着走。"西方中心论"就是从那个时候开始的，"普世"之说也由此而来。"普世主义"的真正含义是将西方等同于世界，由此一来，文明的多样性就不复存在了。这样一种叙事方法在黑格尔那里就清楚地呈现了，他说：文明的太阳从东方升起，在西方落下，升华成人类精神的万丈光芒！

从大航海时代起，西方就开始了抢夺殖民地的过程。当资本主义携带着工业生产力、伴随着殖民扩张的力量冲向世界时，全世界都无法抵挡。经过几百年的冲击，到19世纪末，世界已经被瓜分完毕，西方的霸权终成定局。自古以来人类多种文明并存的局面似乎走到了尽头，一种"文明优越论"悄然而生，它将西方文明视为"先进"，将其他文明都斥为"落后"，并且预言：西方文明将一统地球。

事实上，一直到殖民扩张开始时，世界上各种文明基本上仍处于平等的状态，尽管有些文明相互间交往并不多甚至没有交往，但总体上它们是共生共存的，并没有高下之分。但是当资本主义的触角伸向整个世界时，西方的优势就越来越明显。在这个过程中，一些边远的文明（如印第安文明、西非古文明）被消灭，而人类古老的文明核心区，比如西亚、北非和印度等，则一一落入西方的手中。文明间的平等关系被打破了，众多文明面临着生死抉择。

阿诺德·汤因比（Arnold J. Toynbee）曾说：挑战与应战是文明生存的机制，决定着文明的消失与延续。我们且不论这种观点正确与否，我们看到的事实是：恰恰在西方霸权登峰造极、众多文明存亡危殆时，一个全球性的运动形成了，这个运动叫"现代化"。文明复兴的过程正是从这里开始的，复兴的工具恰恰是"现代化"。

其实，"现代化"是从西欧开始的，现代民族国家是这个过程的起点。按照经典现代化理论，这是一个全方位的过程，涉及社会的方方面面。我们在历史教科书上看到的那些事件：文艺复兴、宗教改革、大航海运动、科学技术革命、政治变革、社会变动……所有这些，都属于西方的"现代化"。今天，西方已经普遍完成了现代化，现代西方国家都是现代化国家。但文明的多样性却没有消失，相反，它变得更加丰富多彩了——即使在"西方"国家范围内，情况也是这样。

首先，现代化的道路是不同的。我们知道英国用和平渐进的方式自我改变，法国则长期采用革命的暴力；德国走了另一条路，这使它在很长时间里被视为"另类"；美国的情况又有不同，它曾经是英国殖民地，需要先独立，才能再发展。在工业革命中，英国是典型的"自由放任"，法国则开始有所偏离；德国再次表现为"另类"，它用国家的力量推动经济快速增长；美国依照英国的模式走"自由放任"的路，可是在20世纪，它在所有发达资本主义国家中第一个实行大规模的国家干预。

其次，各国的制度是不同的。就拿人们最关心的政治制度来说：英国的君主制相当特别，英国人对君主的热衷也同样特别；议会制与总统制的区别是非常明显的，这就使英、美之间的差异更加明显。至于选举的方法，英国人赞同"领先者获胜"，美国人则发明了"选举人制度"，可是两者都背离了"少数服从多数"的原则，而这个原则据说是民主制度的出发点。说到"三权分立"，真正在制度上设计为"三权分立"的只有美国一个国家，因此，把美国的制度说成"普世"，就如同把伯里克利的雅典说成"普世"一样。

经济和社会制度就更不同了。比如说，欧洲国家喜欢福利制度，北欧国家尤其如此；美国却把福利看作懒惰的温床，因此当奥巴马进行医保改革时，他被斥责为"社会主义者"。市场与政府的关系也是因"国"而异的，由此我们发现：凯恩斯是由怀抱福利理想的英国制造的，弗里德曼则由个人主义当道的美国生产。

最后，西方国家在它们发展的过程中不断变换道路与制度，比如：英国从自由放任到福利社会；法国从革命道路转向改革；美国改变种族歧视的政策，至少在法律上承认了种族平等。这些都说明即使在同一个国家内，也会有不同的社会形态，文明的多样性是一种常态。

西方国家尚且如此，那么当现代化的浪潮冲向非西方地区时，现代化的多样性就更加明显了。我们看到在世界现代化的过程中，每一个国家都有它的特点；我们看到不同国家有不同的现代化模式，比如拉美模式、东亚模式、阿拉伯模式、苏联模式，当然还有中国模式。我们看到这样一些人和这样一些事：甘地发动非暴力运动，凯末尔领导土耳其革命，纳赛尔提倡阿拉伯社会主义，曼德拉反抗南非种族隔离制……这些人都在他们自己国家的现代化过程中发挥过独特的作用，为其国家的现代化注入了鲜明的特色。可是这些成功又都是不可复制的，我们很难想象甘地的策略在法国殖民统治下的阿尔及利亚可以奏效，也很难想象曼德拉的办法能够拯救濒临覆灭的土耳其。美国革命不可能衍生出拿破仑，正如同印度国大党无法在埃及立足。南美的现代化模式，即军队和文官交替执政下的进口替代和出口导向，是不可能在新加坡复制的，于是新加坡就出了李光耀。竞争性的政党选举模式被强加给部落传统强大的非洲社会，结果造成部落之间的严重对抗；"阿拉伯之春"演变成"阿拉伯之冰"……如此惨痛的流血教训，难道仍不能引起人们的警惕？

文明的形式是多种多样的：同样是选举政治，印度把种姓制融入了现代政党；日本则是自民党独大，门阀政治世代相传。同样是市场经济，中国的社会主义市场经济令整个世界大惑不解；而美国那种以美元霸权为基础的市场经济，有几个国家可以复制呢？所以我们说，多样性是成功的保证，每一个国家根据自己的国情寻找自身发展的道路，恰恰是现代文明的特征。

可是，所谓的"普世主义"只承认单一性，不承认文明发展的多样性，福山说：历史终结了，人类走到了历史的尽头。这个逻辑在黑格尔那里就有了。不同的是：在黑格尔那里，尽头是普鲁士；在福山这里，尽头是美国。可是连美国自己都还没有走到历史的尽头——它还在不停地变，人类又如何走到了尽头？

有一个现象特别值得注意：在20世纪现代化进程中成就最大、最引人注目的，几乎都是人类古老文明的核心区：埃及、伊朗、土耳其、印度、俄罗斯、中国、墨西哥、巴西……它们的发展成就斐然。亨廷顿显然注意到了这个现象，因此他不认为历史会因为冷战的结束而终结，相反，他认为古老的文明正在复苏，因而提出了"文明冲突论"。

但是，文明的多样性是不是意味着必定会发生冲突，而冲突又必定意味着你死我活？为什么不能如中国古代哲人所领悟的那样："一生二，二生三，三生万物"（《道德经》）；或者如中国谚语所指出的那样："和气生财""和为贵"？在中国人看来："海纳百川，有容乃大。"现代世界容得下多种多样的现代文明。经过100多年的现代化努力，古老的文明获得了新生，它们恢复了信心，找到了自我；曾经被西方霸权扭曲的文明之间的不平等关系，现在重新被扭转。亨廷顿说：这是"文明的冲突"；我说：这是"文明的回归"。"回归"意味着文明的多样性再次呈现，文明间的关系重新平等；"回归"也意味着人们更多地思考古老文明的现代意义，用传统的智慧去解决现代问题，比如人与自然的关系，道德与利益的关系，个体与群体的关系，自由与约束的关系，等等。

现代化把我们带进一个新的"轴心时代"。多年来我一直在困惑：现代化有没有终点？21世纪的现实让我意识到：当文明的多样性再次呈现、文明之间恢复平等时，"现代化"作为一个历史阶段就结束了，我们将面临一个新时代。在这个时代中，文明将共存，人类将共荣。这不仅是理想，也是我们共同的责任，毕竟人类生存在同一个星球上，只有共荣才能共存。人类的文明从来就是百花齐放的，尊重别人，就是尊重自己。因此，我建议：当世界上有各种各样的经济论坛、军事论坛、政治论坛和外交论坛的时候，设立一个世界文明论坛。文明是人类生存的最高境界，我希望北京论坛可以被打造成这样一个文明对话的世界论坛。

（本文根据作者在2015年北京论坛上的发言整理而成）

第二部分
变化的世界

北京论坛

Jisi Wang

当代世界政治发展趋势与中国的全球角色

王缉思

北京大学博雅讲席教授,北京大学国际战略研究院创始院长。

改革开放30年来，中国同世界经济与政治的联系越来越密切。今天，要对世界政治发展趋势作出判断，离不开对中国实力及其在全球事务中所扮演的角色作出评估；同时，要判断中国的发展方向，也必须研究中国所处的国际环境，研究世界政治的走向和格局的变化。我想从四个方面，对当前世界政治的特点、发展趋势和中国在全球事务中所起的作用，提出一些个人的分析和思考。

当前世界政治的第一个特点，是经济全球化的负面影响日益显现，非传统安全问题与发展不平衡现象日益突出。

冷战结束后，经济全球化加速发展。它促进了许多国家和地区的发展繁荣、技术进步、信息沟通、人员流动，增加了政府透明度。各国之间的经济合作减少了爆发战争的危险，提高了政治冲突的门槛。但是，全球化的负面影响，近年来表现得越来越明显。伴随经济增长和物质财富的增加而出现的是：能源和其他自然资源的超高消耗、对地球生态环境的破坏、财富的集中和贫富差距的扩大，以及资本与人力资源加速流通所带来的更为复杂的社会矛盾。金融动荡、粮食短缺、能源紧张、环境污染、气候变化、非法移民、跨境犯罪、恐怖活动、传染疾病、产品安全等诸多非传统安全问题,已经成为世界政治的中心议题。

由美国次贷危机引发的此次全球金融风暴,暴露了在缺乏有效、严格的国内监管机制和国际协调机制的情况下,经济全球化所造成的严重弊端。这场危机虽然发生在金融和经济领域,但是必然会蔓延到政治和其他领域,带来收益分配方面的更大失衡,激化一些国家的社会矛盾。

全球经济、社会发展的不平衡,使非传统安全问题同以领土主权为核心的传统安全问题交织在一起,对各国的社会稳定造成冲击,增加了国际政治中的冲突因素。例如,人们开始担心,能源、粮食、水资源的紧缺,将使一度趋于缓解的领土争夺战死灰复燃。一些研究表明,冷战后世界上的武装冲突集中在社会和经济发展相对滞后的撒哈拉以南非洲、中东、南亚、东南亚等地区,其中绝大多数为国内冲突,而国内冲突又经常引发国际冲突和地区动荡。当前的世界金融危机一旦危及实体经济,引发经济衰退,原有的冲突和动荡将会加剧。

中国改革开放的 30 年,是中国经济逐步融入全球经济的 30 年。中国既同其他国家分享了经济全球化的巨大成果,也同许多国家一样,正在遭遇全球化的负面效应,面临非传统安全问题的严重挑战。仅在 2008 年,就出现了南方寒冬雨雪、汶川地震等严重的自然灾害和一些涉及食品安全、生产安全的事故。国际石油价格的大起大落、西方金融风暴等国际因素,也对中国经济造成冲击。归纳起来,中国在发展道路上,至少面临四大挑战:一是物质资源特别是能源和水资源短缺;二是生态环境恶化;三是国内经济、社会发展不平衡,贫富差距、地区差距、城乡差距拉大；四是可能出现的大规模自然灾害或传染病。

面对这些挑战，中国政府提出了科学发展观与促进社会和谐的指导思想，要求转变增长方式，扩大内需，统筹人与自然和谐发展，处理好经济建设、人口增长与资源利用、生态环境保护的关系，健全民主与法治，推动整个社会走上生产发展、生活富裕、生态良好的文明发展道路。只有走这样一条发展道路，才能妥善应对各类非传统安全问题，让中国的快速发展具有可持续性和安全性。

过去，中国在促进世界经济增长和消除贫困方面所做的突出贡献有目共睹。新的挑战需要中国扮演新的全球角色，这就是要走出一条基于国情的可持续发展道路，中国不仅要成为全球经济的一个火车头，还要为保护人类的共同资源作出更大贡献。这条道路，决定了中国不能搞军事扩张，同时要将与外部世界的经济摩擦和资源获取方面的竞争，控制在最低限度。这条道路，还决定了中国既要自主创新，加大对科学技术和教育的投入，也要积极发展国际合作。其中的当务之急，是加强在金融稳定、节能减排、环境保护方面的国际合作。

当前世界政治的第二个特点，是全球范围内的宗教势力和形形色色的民族主义正在复苏。

冷战结束意味着两大意识形态对抗的终结。但是人类历史从来都充满着思想激荡。人们在全球化带来的复杂矛盾中，依靠和寻找着精神依托以及对群体的归属感。于是，在传统宗教的复苏中，一部分宗教势力复归所谓"原教旨主义"，并得到部分群体的拥戴；而当这些群体自认为是处于弱势的民族时，民族问题与宗教问题就相互纠缠在一起，导致了一些国家内部民族分裂的倾向，并往往受到国际势力的干预。

对于国家意识、宗教意识、民族主义来说，全球化是一把双刃剑。一方面，在全球化进程中，国家主权受到冲击，人口和信息的跨国界流动加快，各国的相互了解加深；另一方面，社会的对外开放使人们更加意识到"我们"和"他们"的差别，增加了许多人对本国、本教派、本民族的认同感，使他们更加有意识地维护自己的传统文化、习俗和价值观，抵制外来影响。值得注意的是，全球经济发展放缓加剧了社会发展失衡，经济民族主义明显抬头，表现为强烈的贸易保护主义，以及对国际资本流动的警惕和抵制。

虽然宗教和民族主义都有某些增强社会凝聚力的作用，但也可能被引导到破坏和平、稳定、繁荣的方向上去，造成不同宗教、教派、民族之间的隔阂甚至仇恨。

作为文明古国，中国一向关注世界范围内的思想激荡与文化发展趋势。中国的对外开放，不仅包括经济开放，也包括对世界各个文明和各种民族文化的思想开放，从世界文明中汲取精华。中华文明本身就融合了不同的文化、宗教和民族特色，因此而丰富多彩。中国人提倡文明和文化之间的相互交融，不主张相互隔绝、仇视或民族分裂，更反对用暴力方式化解宗教、教派、民族、国家之间的矛盾。中国可以而且应当扮演的角色，是在不同文明和文化之间起到桥梁的作用，促进世界的和谐。

毫无疑问，中国在加强本国文化建设的同时，希望增强自己对外的文化影响和"软实力"。在很大程度上，加强国家文化软实力的过程，就是将本国、本民族最珍贵的文化传统同其他国家和民族分享，并使之成为人类普遍价值体系一部分的过程。其实，中国所推崇的和谐思想，在世界其他文明和宗教中也都有所体现，只是理解和表述方式不同而已。加强中国的文化软实力，并不意味着要削弱其他国家的软实力。中国人可以而且应当做的，首先是建设国内和谐社会，促进民族和宗教群体之间的相互包容。同时，还要同在社会制度和价值观方面有差异的国家扩大共识，增进相互理解。只要中国的经济开放与文化开放同时并举，中华文明就能在各个文明相互融合的历史长河中发挥独特的作用。

当前世界政治的第三个特点，是权力中心、财富中心和发展驱动力正在发生转移。

近年来，国际政治格局和大国之间的力量对比出现了深刻变化。冷战刚刚结束时，美国唯一超级大国的地位得到稳固，欧洲国家联合势头加快，日本在亚洲经济中是领头羊。发达国家掌控着国际机制的制定和执行。但是，进入21世纪之后，西方国家的整体实力出现了相对削弱的迹象。美国于2003年发动的伊拉克战争，以及其他一系列对外行为，损害了自身的国际形象，削弱了它的软实力。现在美国经济又受到次贷危机的冲击，"硬实力"也受到伤害。欧盟和日本经济发展后劲不足的问题逐渐暴露出来，人口的老龄化、人口增长缓慢甚至减少，都制约了经济发展。目前，国际金融动荡对欧洲的打击甚于美国。就整体而言，发达国家信心下降，正面临越来越多的困难和压力。

相比之下，中国、印度、俄罗斯、巴西、南非等诸多新兴国家，抓住了全球化的发展机遇，迅速增强了国力，在国际事务中发挥着越来越大的作用。西方最近有以下形象的说法："增长在东方，债务在西方"；"历史的火炬似乎正在从西方传递到东方"。

但是，世界权力、财富和驱动力的重心从西方向东方转移的过程，不会是一帆风顺的，一定会遇到风暴、阻力和陷阱。随着权力、财富和驱动力的转移，困难、麻烦和批评也会转移。此外，这种"历史火炬"的转移是否代表着一个长远的发展趋势，其历史意义是什么，还有待观察和深入研究。

从地理意义上说，中国是一个"东方"国家，而且力促"东方"即亚太地区的经济合作和安全机制的完善。但中国不会以"东""西"划界，去决定自己的安全战略，去组织或参加军事同盟；在亚太区域合作中，中国也会坚持开放性的原则，考虑到区域内外国家的利益和愿望。由于中国的经济合作已经拓展到"东西南北"的全球范围，因此中国的战略谋划不会受限于"东方""西方"的概念，不会去同别的大国划分或争夺"势力范围"。

由于中国在新兴国家中发展速度最快，对外部资源和市场的需求越来越大，又是中国共产党领导下的社会主义国家，因此中国在这一权力与财富转移的过程中扮演什么样的国际角色，格外引人注目。一种很有影响力的观点认为，大国崛起会打破原有的权力平衡，冲击世界秩序，引发国际冲突，这是国际关系史上的规律，中国的崛起也不会例外，中美最终的对立和冲突因此不可避免。

这种疑虑，提出了中国在处理当今国际事务时不能不予以重视和回答的一个问题，即中国如何评估、如何运用自己日益上升的实力和影响。应当认识到，尽管中国不断宣示自己的和平意图，强调自己的发展中国家属性和前进道路上的困难、障碍，但国际社会对中国崛起的疑虑很可能还会增加而不是减少。对此，需要保持冷静的头脑和平常心。同时，一般性的政策宣示和对"中国威胁论"进行驳斥是远远不够的。更重要的是，通过自己的行为模式和明晰的战略谋划，打破所谓"大国悲剧的历史定律"。

在世界权力和财富转移的过程中，中国必须十分客观冷静地估计自身实力，力戒虚浮之风，谨慎分析各种国际力量的消长；既坚持国际道义原则，又避免不必要地卷入国际政治斗争的中心旋涡。第一，中国将坚持不结盟的政策，不搞大国集团政治；第二，中国将坚持全方位的开放政策与合作态势，不以意识形态和社会制度划线来决定国家关系的远近亲疏；第三，中国要创建一个以自主创新、扩大内需为基点的，不过分依赖物质资源的新的现代化发展模式。这样，在国际格局转换的过程中，中国的发展就能够成为一个可预测的稳定因素。

在上述三个特点和趋势的基础上，我们能够很自然地观察到当前世界政治的第四个特点，即核心的特点——国际规则和秩序正在经历重大变革。

国际政治最原始的规则，是所谓"丛林法则"，即弱肉强食、优胜劣汰。但是，涂炭生灵、两败俱伤的战争教训，以及国家间经济上日益紧密的相互依存，催生了国际法、国际关系准则，以及逐步建立起来的国际组织、机制和规范。然而，无数历史事实证明，第二次世界大战后形成的国际组织和现存的全球合作机制，远远落后于全球化的进程，出现了严重的"国际机制赤字"。

例如，联合国改革的呼声很高但进展缓慢；多哈回合贸易谈判失败证明世界贸易体制亟须修补；国际货币基金组织无力应对范围日益扩大的国际金融动荡；能源和气候变化等问题上的全球合作机制远未建立；国际人道主义干预的原则和规则争议很大；国际社会缺乏处理民族分离主义倾向的共识；各种非政府组织和跨国公司在国际事务中的作用日益增强，其行为需要纳入规范的轨道；八国集团首脑会议近年来邀请了五个发展中国家加入其中，但尚未形成有长远设想的、更具代表性的大国协调机制，来应对日益紧迫的全球挑战。

总之，全球治理的"赤字"越来越大，现存国际机制越来越难以应对新出现的全球问题，迫切需要改革或创新。否则，某些地区冲突、民族宗教矛盾就会失控，大国之间的合作就难以加深和持续，而人类与自然界的和谐也将遭受更为严重的破坏。

作为经济全球化的积极参与者和受益者，中国对于现存的国际政治经济秩序，经历了一个重新认识和逐渐适应的过程。在加入世界贸易组织（WTO）之后，中国在几乎所有重要的全球性国际机制中都发挥着积极作用，遵守相应的规则并履行相应的义务。与此同时，国际社会对中国的关注和期待增加了，要求中国承担更大国际责任的呼声越来越高。

在重新认识和逐渐适应现存国际规则之后，中国将扮演一个更为活跃的角色，即维护现存的合理秩序和国际准则，改革不完善、不合理的旧规则，倡导并参与制定新的规则。例如，作为温室气体排放量最大的国家之一，中国需要在2012年《京都议定书》失效之前，提出具体的节能减排方案，参与新的国际框架协议的制定；作为能源消耗和生产大国，中国应当在世界能源价格等问题上发出更响亮的声音；作为核大国和空间技术迅速进步的大国，中国将在核不扩散机制、军控机制、和平利用外层空间的国际机制方面，发挥更大的作用；作为贸易大国，中国在今年WTO多哈回合贸易谈判失败之后，需要同相关国家协调，寻求新的解决方案。

积极参与国际规则制定，改良国际政治经济秩序，将使中国近年来阐发的"坚持和平发展道路"和"共同构建和谐世界"等理念，得到进一步的充实和落实。

简言之，在日益错综复杂的世界政治中，中国将扮演四种角色：坚持走可持续发展道路，促进各个文明之间的交融，保障国际格局的平稳过渡，倡导合理的国际规则和秩序。现在，不但国际上对中国的现状和未来众说纷纭、莫衷一是，就连中国国内的民间舆论和学者专家，对中国的未来发展道路和国际战略，也是"百家争鸣"，讨论热烈。我在这里提出的只是一家之言。我坚信，中国要承担的国际责任，中国的外交战略，首先依据的是本国国情，是主权、安全和发展三方面的国家利益，同时也需要考虑国际趋势和世界对中国的期待。深入研究国内国际两个大局及其互动，在此基础上对国家政策提出建言，对国际舆论作出回应，是中国学者的重要责任和艰巨任务。

（本文根据作者在2008年北京论坛上的发言整理而成）

George Yong-Boon Yeo

在不同前行速度下保持和谐

杨荣文

嘉里集团副董事长，嘉里物流主席，
时任新加坡外交部长。

去年我造访了澳大利亚的一个乡村小社区。一个夏日的午后，我目睹了一群原住民聚集在农田里。于是，我向接待我的人询问他们在做什么。他实事求是地告诉我，这些人要在那里不停地喝酒，直到喝醉为止。这种情况每天都会发生，几乎什么都不能改变他们的行为。多年前，澳大利亚政府曾认为，为了让原住民过上现代生活，最好的方式就是将他们的孩子从父母身边带走，送到官方学校接受教育。尽管这种做法很残忍，但当时政府认为"良药苦口"。然而，这一计划并未达到预期目标，相反，给"被偷走的一代"的家庭带来了巨大的痛苦。几年前，澳大利亚政府正式向原住民道歉，这也是现今许多澳大利亚人公认的一个可怕的错误。如今，在澳大利亚各地，原住民文化得到更多的尊重。历经数万年的发展，原住民文化在极端恶劣的环境条件下仍然保持着自身的文化优势，也因此受到更多人的欣赏。

文化的变化是十分缓慢的。许多文化行为是下意识的，社会科学家对此仍不完全了解。当环境或技术条件发生变化时，能够适应变化的文化将蓬勃发展，而那些故步自封的文化将走向衰退。文化是构建文明社会的黏合剂。法律和制度可能会发生改变，但任何时候发挥效力的法律和制度一定都是符合民族文化特点的。当然，我所说的文化还包括一个民族的宗教信仰。

文化与文明间的冲突

当文明相遇时，冲突也时常发生。当西方人抵达澳大利亚时，原住民社会就陷入了危机。如今，这种危机仍然体现在社区成员所面临的各种社会问题中。500年前，西方人抵达亚洲时，所有亚洲国家都处于沉重的压力之下。大多数国家屈服于西方的统治，直到20世纪下半叶，亚洲国家才一个接一个地重新站立起来。如今，亚洲在全球舞台上强势崛起，很多人对此忧心忡忡，他们担心世界会出现新的冲突。一些西方学者甚至公开写文章探讨所谓"中国威胁论"。

本次大会的主题是"文明的和谐与共同繁荣"。这主要是一种愿景，一个理想，因此是未经历史经验证实的。

历史唯物主义认为，那些制约新生产力发展的文化和制度终将被抛弃。问题是：我们是否注定要遭受无尽的战争和革命才能向前发展？现在人类掌握的技术具有强大的破坏潜力，在全球化背景下，战争与革命可能会毁灭绝大多数人。因此"文明的和谐与共同繁荣"这句话后面有一个大大的问号。这是当今人类所面临的最大挑战。众所周知，如果再爆发一次世界大战的话，核武器和生化武器将会造成人类文明的终结。

不同层面的回应

最近,联合国针对叙利亚化学武器问题采取了种种行动,这反映了各国的共同关切。然而,核武器扩散是一个更令人担忧的问题,在这一点上各大国却仍然莫衷一是。尽管如此,无论大国在伊朗和朝鲜问题上存在何种分歧,各国都坚决一致认为,必须防止核武器扩散,尤其是防止其落入恐怖组织手中。

就像国家一样,文明也存在合作和竞争。为了实现全面和谐,让大家共享进步成果,我们需要满足三个基本条件。

首先,我们必须进行国际合作以应对人类的共同威胁。我们必须共同应对全人类所面临的重大问题,包括大规模杀伤性武器、全球流行病、气候变化和全球金融状况等。在这方面,联合国、二十国集团、世界卫生组织和国际原子能机构等国际组织,都发挥着不可或缺的作用。

其次,我们需要强有力的领导者以实现团结一致。虽然非国家行为体的作用日益增强,但民族国家仍然是处理人类事务的主力。今天,美中两国之间的关系无疑是世界上最重要的国际关系。由于美中两国植根于不同文明,两国关系错综复杂。两国之间原本就存在着竞争,如果一方企图统治另一方,就会给世界带来巨大的不和谐。然而,如果美中之间不进行高水平合作,许多全球性问题就无望解决。因此,即便两国都不喜欢"两大国"这种暗含强权之意的说法,但美国与中国共同领导对国际社会具有重要意义,这是毋庸置疑的。

最后，我们应逐步扩大文明间的融合范围。每种文明都有其根深蒂固的文化价值观基础。在《历史研究》一书中，汤因比将每种文明的起源视为其对生死挑战的回应。对澳大利亚原住民来说，其文明是对干旱这一挑战的回应。对中国人来说，其文明是对如何治水这一挑战的回应。对伊斯兰社会来说，其文明的形成是因为需要把广袤的沙漠、草原或海洋上的游牧部落团结到一起。文明一旦相遇，冲突就不可避免。究其根源，这不仅因为不同文明的核心利益会出现冲突，而且因为其背后的文化价值观也存在差异。

宽容

随着全球化的深入发展，不同文明之间的界限已经变得模糊，但文化价值观的差异仍然存在。在诸如死刑、堕胎、干细胞研究和性别关系等一系列问题上，常常存在着难以调和的分歧。尽管我们应该谋求普遍人权和共同价值，但是不应抱有任何幻想，认为有朝一日我们会完全相同，成为一体。事实上，试图把共同价值观强加在文化背景迥异的人们身上，不仅不会让我们走向团结统一，反而会导致分裂。所以，我们应该采取奥古斯丁原则：在重要问题上争取统一；在不重要的问题上保持多样性；对全部问题采取宽容的态度。重要问题就是危及全人类的问题，如核扩散和全球流行病。在其他问题上就保持多样性，采用权力下放的原则解决人类问题，即允许问题在最低层面得到解决。但是，面对所有问题，世界需要更多的宽容，这也意味着承认我们的共同人性。

不断涌现的新技术冲击着人类社会,尤其是信息技术、生物医学技术、机器人技术和纳米技术等,使得传统的社会结构开始"分崩离析"。由于人们可以接触到更多的信息渠道,并且可以进行自由选择,所以旧有的权力和控制体系正在走向崩溃。所有文明的核心都受到了挑战。世界各地,尤其是网络连接更加便利的城市,那里的居民更容易表现出对政府的不满。我们越来越清楚地发现,仅仅依靠法律和市场是无法解决诸多社会问题的。

世界需要更多宽容,这是我们对彼此的尊重和敬意,可以让我们应对周遭纷繁的变化。竞争拉大了国内以及国家之间的贫富差距。各种文化与文明对新技术的回应不尽相同。有些文化和文明能很快适应新技术,而有些则需要经历很长时间。如果我们不采取一些措施减少不平等,并帮助落后者赶上发展潮流,世界将会出现新一轮的冲突。我们该如何帮助澳大利亚原住民自助?这并不是一个容易回答的问题。如果只是给予其资金补贴可能会使问题变得更糟糕。不管怎样,如果没有发自内心的宽容,就无法指望取得成功。

更宽广的胸怀与更丰富的智慧:那烂陀精神

因此,为了实现文明的和谐与共同繁荣,我们必须应对来自不同层面的挑战。我们确实需要更多的国际合作,需要各个层面的道德和政治领导者,需要国家间的良好合作,尤其是美中两国的良好合作。然而,无论我们认同何种文明、宗教、国家或部落，作为人类同胞，我们更加需要彼此敞开心扉。

在印度重建那烂陀大学（Nalanda University）就是这样一种尝试，即依据历史的启示，为将来创造这样一种精神。古那烂陀大学（那烂陀寺）位于今印度比哈尔邦巴特那东南90公里处，可以称得上是世界上第一所大学。它始建于公元5世纪，持续了多个世纪，直至12世纪末被突厥侵略者所摧毁。它被摧毁时牛津大学刚建立不久，剑桥大学还没成立。那烂陀鼎盛时期，有1万多名学生，这些学生主要是来自亚洲各地的佛教僧侣。那烂陀的大部分历史是在中国史料中发现的，其中公元7世纪唐代高僧玄奘的记载最为重要，他的印度取经之旅被改编成《西游记》，成为不朽的传奇。重建的那烂陀大学是一所现代化、国际化的世俗大学，只招收研究生，而且得到东亚峰会全部18个参与国的一致支持。该大学正在为其最先创办的两个学院招聘教师，这两个学院将在两年后开课。学校也将成为学者云集、探讨重大问题的中心。学者们会根据古老的那烂陀哲学思想，探讨人与人、人与自然和谐相处的哲学，以及人作为自然的一部分的生存哲学。圣火已经在印度重新点燃，我们的目标是将圣火传播到世界各地去，当然也包括这里——北京大学。

为了让各种文明在以不同速度前行的同时保持和谐，我们必须让那烂陀精神充盈于心。

（本文根据作者在2013年北京论坛上的发言整理而成）

Liqun
Jin

互联互通让21世纪走向繁荣

金立群
亚洲基础设施投资银行行长、董事会主席。

2004年北京论坛创办伊始，世界正处于全球化快速发展阶段。作为20世纪末的一个重要标志，全球化进程不同程度地改善了各国人民的生活。

但在当前的后国际金融危机时代，全球化红利不再唾手可得，而且经济一体化也带来了超出预期的内生挑战。一个残酷的现实是，目前全球经济增长乏力，消费需求疲软，债务激增，贸易增速放缓。9月，世界贸易组织预测，今年全球贸易将仅增长1.7%，为7年来最低，同时贸易与GDP增速之比将降至15年来的最低水平。经济合作与发展组织也预计全球贸易增长将创下25年来的新低。

在经济增长放缓的同时，人们正不遗余力地寻找更多发展机会。地缘政治局势变化和全球财富分配不均在一定程度上加剧了劳动力面临的挑战。由于全球经济增长停滞不前，就业岗位大幅减少，劳动力供大于求。越来越多的国家开始把目光转向国内，鼓励实施民族主义和保护主义政策，抛弃全球化政策。

全球化推动不同的文化、价值观和信仰以前所未有的方式交融。这曾被过去几代人视为巨大的机遇，但如今却越来越被看作一种威胁。

如何看待这种威胁，既能决定国家的抉择，进而影响个人的抉择，也能决定个人的抉择，从而影响国家的抉择。许多国家意识到，自己正处于命运的十字路口，似乎朝任何一个方向走都危险重重。显然，如果能就这一问题举行全球公投，就有可能出现类似英国脱欧的风险，以及随之而来的一切后果。因此，我们必须搞清楚，如果20世纪由全球化来定义，那么勾画21世纪的又是什么呢？

这个问题与今天在座的每个人都息息相关，因为北京论坛的宗旨是实现"文明的和谐与共同繁荣"。我们都需要自问：应该如何去推动发展，建设更加互联、更加繁荣的社会？一味地看后视镜，是无法找到答案的。

作为一家新成立的多边开发银行，亚投行时刻准备与各成员政府和人民一道解决发展问题。这在全球面临诸多不确定性的当下尤为重要。这事关亚投行的战略，也关系到这个新的多边金融机构如何促进区域和全球经济一体化，为我们的成员带来广泛的经济和社会利益，同时避免任何国家或社会群体在发展中掉队或被遗忘。

的确，不是所有国家都从全球化中获得了好处。公平公正的利益分配还有待实现。但问题并不在于全球化本身，而是出在全球治理和一体化方面。

在全球治理的改革中，包容性至关重要。广泛协作并打造一个让每一方都能发挥作用的平台，有助于确保一体化沿正确方向运行。目前看来，没有互联互通就难以从全球化中受益。对于那些被长期边缘化的国家来说，其遇到一些困难，往往是因为一体化程度不够,而不是过度一体化。发展不能走回头路。找到正确的发展方向和发展途径是根本之道。

要找到正确的发展途径,就必须理解发展中国家的国情差异,采取因地制宜的做法。这也是多边开发银行和双边援助机构在帮助被边缘化的国家时所面临的主要困难。但不论如何,基础设施投资被普遍认为是实现发展的重要手段。

中国和亚洲其他一些新兴经济体的经验表明,投资基础设施建设能有效带动经济发展。例如,中国实施改革开放以来,7亿多贫困人口已经脱贫。这很大程度上是因为基础设施投资推动了经济社会的全面发展。

正是基于这一经验,亚投行确立了自己的使命和定位。亚投行的宗旨是通过在基础设施及其他生产性领域的投资,促进亚洲经济可持续发展、创造财富并推动基础设施互联互通;与其他多边和双边开发机构紧密合作,推进区域合作和伙伴关系,应对发展挑战。

要实现这一目标,我们需要以包容的心态探索能满足不同国家和地区发展需要的新发展理念。我们在这方面具备良好的基础性条件。亚投行75%的股份由亚洲地区成员持有,且大多数成员都是发展中国家和地区。亚投行也是亚洲首个以发展中国家和地区为主体的区域性多边开发银行。在这个平台上,发展中成员可以运用自己的知识和经验,用亚洲的方式来解决发展问题,满足其发展需求。

仅仅确立新的使命是不够的,还需要搭配创新的方法才能解决21世纪的问题。亚投行将进一步与各方紧密合作,在不损害环境和社会标准的前提下，加快推进项目建设。我们致力于高效、集约、及时地为客户提供发展方案。

想在21世纪取得成功，必须进行广泛合作。亚投行已与其他多边开发银行建立了密切的合作关系，包括与世界银行、亚洲开发银行以及欧洲复兴开发银行设立联合融资项目。

亚投行正在迅速发展。试运行10个月以来，董事会已批准了6个项目，融资金额达到8.29亿美元，其中包括与其他机构的联合融资项目。我们预计，2016年项目融资总金额将达到12亿美元。

我们的进步得到了国际社会的广泛认可。英国、德国、法国、意大利等欧洲国家已决定以创始成员的身份加入亚投行。这充分表明，它们对亚投行在治理结构等方面的设计充满了信心，对亚投行作为一家新型多边金融机构在推动发展方面的作用充满信心。

我可以自豪地说，亚投行成立首年的运营状况、客户需求以及与各方的合作，都证明了创立亚投行是一个非常正确的决定。

近期，七国集团成员之一加拿大表示有意愿加入亚投行，这是对我们管理亚投行的能力投下的又一张信任票。目前，包括加拿大在内，已有超过25个国家和地区有意加入，这表明我们正在实现既定目标。

未来几年，亚投行必须制定可行战略，证明自身能有效履行股东赋予的使命，并带来附加值。我们将致力于为客户提供及时快速、高效集约、积极主动的融资服务和解决方案。

目前，亚投行设立了一个由国际上具有不同背景和经验的知名专家组成的国际咨询小组，为亚投行制定机构战略提供指导。

结合专家意见以及股东等利益相关方的反馈，我们已经确立了可持续基础设施发展、跨境互联互通、动员私人资本三大战略优先领域。

绿色基础设施是可持续发展的核心。亚投行将在促进可持续基础设施建设和支持各国履行第 21 届联合国气候变化大会（COP21）承诺方面发挥重要作用。为此，亚投行将着力招聘和培养相关专业员工，积极鼓励创新，逐步把银行打造为在可持续基础设施领域具有较高公信力的金融中介和具备丰富知识、经验的专业机构。

亚投行将优先推动跨境基础设施项目的建设。我们预计，中亚、东南亚、南亚、中东等地区对铁路、公路、港口、能源管道、电信设施等方面的陆海基础设施互联互通有巨大的需求。

鉴于这些地区基础设施发展的巨大需求，亚投行将积极寻求动员私人资本。2017 年，我们将通过加大私营部门业务高管人员的招聘力度等方式，打造私营部门项目库、伙伴关系和业务网络，有效动员私人资本。此外，我们还将在这方面对员工加大专业和技能培训力度。

当然，实现这些目标离不开各国政府、其他多边开发银行以及私营部门等合作伙伴的大力支持。近几十年来，无论是国家、多边开发银行还是个人，只有通过合作才能取得最大的发展成就。

自成立之初，亚投行便秉承"只有互联互通，世界才会更加美好"的信念。让我们在此信念的激励下，携手共进，继往开来，共同把握 21 世纪的发展机遇，共享繁荣硕果。

（本文根据作者在 2016 年北京论坛上的发言整理而成）

"一带一路"与自贸区
中国新的对外开放倡议与举措

林毅夫

北京大学新结构经济学研究院教授、院长，
北京大学南南合作与发展学院院长，
北京大学国家发展研究院名誉院长。

中国自 20 世纪 70 年代末开始从社会主义计划经济向社会主义市场经济过渡,三十几年间 GDP 年均增长 9.7%,对外贸易总额(按美元计价)年均增长 16.4%。2010 年中国的 GDP 超过日本,成为世界第二大经济体,同年中国的货物出口额超过了德国,成为世界最大货物贸易出口国;2013 年中国的进出口贸易总量超过美国,成为世界最大贸易国;按照购买力平价计算,2014 年中国的经济总体规模超过美国,成为世界第一大经济体;在过去三十几年间,中国还是唯一没有发生过系统性金融、经济危机的新兴大国。中国改革开放以来取得的成绩堪称人类经济史上不曾有过的奇迹。

为什么同样是转型,我国取得了这样的成绩,而苏联、东欧却遭遇了经济的崩溃、停滞、危机不断?最主要的原因是在转型的过程中,我国不是采取当时西方主流理念华盛顿共识所主张的休克疗法,试图一次性把所有的干预、扭曲都取消掉,而是坚持解放思想、实事求是,采取了双轨渐进的方式。

改革开放初期,我国在资本技术密集型的产业里有许多国有企业,这些企业所在的行业违背了我国的比较优势,在开放竞争的市场中没有自生能力,没有保护补贴就不能存活。转型伊始我国政府继续给予这样的国有企业必要的保护、补贴；同时，放开了对符合我国的比较优势、传统上受到抑制的劳动密集型产业的准入。

对外开放也是这样，对那些我国没有比较优势、技术资本密集、当时主要是以国有企业为主体的产业领域继续给予必要的保护，限制外国资本进入；对那些符合比较优势的劳动密集型产业则实行开放，招商引资，欢迎外国以及国内的私人资本进入，鼓励竞争。当时我国资本市场很不发达，国内金融体系很不健全，在短期资金流动的资本账户上采取管制措施，在货物往来的经常账户和外国资本的直接投资上则实行开放。

这种渐进双轨的改革开放方式让我国在从社会主义计划经济向社会主义市场经济的转型过程中取得了稳定和快速的增长，但同时也因为各种对市场的干预、扭曲，产生了寻租、腐败、收入分配不均等问题，在取得上述傲人成绩的同时付出了一定的代价。

改革开放初期我国的人均GDP尚不及非洲国家平均数的三分之一，是世界上最贫穷落后的国家之一，在资本密集的先进产业上没有比较优势。经过30多年的快速发展，我国已经从一个低收入国家变成一个人均GDP达7960美元（2015年）的中等偏上收入国家，原来一些资本密集型的产业，像汽车产业、装备业、炼钢业、炼铝业等，均已经成为我国的比较优势产业。在不符合比较优势时，给予那些产业中没有自生能力的企业保护补贴是雪中送炭，是维持我国经济稳定的必要手段。这些产业现在已经符合比较优势，其中的企业在开放竞争的市场中已经有了自生能力，只要管理好就应该能够靠自己的努力获得盈利，继续给予这些企业保护补贴成了"多余",其后果是催生了租金,导致了寻租行为,败坏了社会风气并产生收入分配不均。所以,党的十八届三中全会提出全面深化改革,对内必须消除双轨制转型所遗留下来的各种扭曲,价格由市场决定,让市场在资源配置中起决定性作用。

在对外开放上也是一样,改革开放初期,为了保护一些不符合比较优势的产业,外资在很多投资领域受到限制,资本不能自由流动。现在要全面深化改革,不仅是对内的深化,对外开放也必须深化。自贸区的提出,就是为了探索怎样在投资领域里把那些限制取消掉。除了少数几个关系到国防安全的领域必须有所控制外,其他的领域都应该开放。同时,应开放资本账户,让资本自由流动。

对于推进这些改革,我国仍然采取务实的态度,也就是先在某个特定的地区试验,看看效果怎么样,效果好的就扩大试点的范围,乃至在全国推广;有不利影响的,则将风险控制在试验区之内。上海自贸区率先试点,现在自贸区的试点已经扩展到天津、广东、福建。

"一带一路"的倡议,为什么会被提出来呢?经过30多年的改革开放,我国已成为一个中等偏上收入的国家。实现中华民族伟大复兴,要求我国进一步发展成为一个高收入国家。从收入中等偏上的国家发展成为高收入国家,从改革开放的经验来看,我国应该更充分地利用国内、国际两个市场和国内、国际两种资源。同时,我国现在已经是世界第一大贸易国,按照市场汇率计算是世界第二大经济体,按照平价购买力计算已经是世界第一大经济体。在国际上,我国应该承担相应的责任,也应该在国际事务和规则的制定上拥有相应的影响力和发言权。

上述转变符合国内、国际经济和政治发展的规律和要求。可是，目前的国际规则是由第二次世界大战之后以美国为首的发达国家制定的，服从于发达国家的利益和要求。现在整个国际经济板块发生了变化，如果要中国承担更大的义务，应该给予中国更大的发言权。对此国际上已有共识。2009年，时任国家主席胡锦涛与时任美国总统奥巴马在G20峰会上已经达成协议，增加中国在世界银行和国际货币组织中的投票权，但这一协议却被美国国会否决了。并且，美国为了维持自己在亚洲太平洋地区的利益，提出了"重返亚太"和"亚太再平衡"战略。中国现在已经是世界第一大贸易国和太平洋周边国家的第一或第二大贸易伙伴，可是在美国主导的为构建新的贸易框架而进行的"跨太平洋伙伴关系协定"谈判中，我国却没有受邀参加。很明显，这是美国想维护自己在亚太地区的战略优势，以及确保其地缘政治经济利益。拿一个战国时代的例子来做比喻的话，美国现在采取的是合纵的政策来制约我国的对外开放和发展。[1]

应对这种国际格局，习近平主席在2013年9月访问哈萨克斯坦时提出了共建"丝绸之路经济带"的战略构想；同年10月他在访问东盟时，在印尼提出了共建"21世纪海上丝绸之路"的倡议，推动建立一个自东向西横跨亚洲，直达非洲、欧洲的地区发展合作框架，目标是"政策沟通、道路联通、贸易畅通、货币流

---

[1] 特朗普上台后，美国退出了"跨太平洋伙伴关系协定"（TPP）的谈判，日本等国将之改为"全面与进步跨太平洋伙伴关系协定"（CPTPP），但是美国并没有改变围堵我国以及联合其他国家和我国"脱钩"的政策。

通、民心相通",建立沿线国家的"利益共同体、责任共同体、命运共同体"。这个倡议以基础设施的建设为抓手,为此设立了亚洲基础设施投资银行和丝路基金。

亚太地区的发展中国家亟须突破基础设施的瓶颈来发展经济,对此美国也是了解的,在它推出"重返亚太"战略时,提出了建立印度太平洋经济走廊,以及以"新丝绸之路"连接阿富汗与南亚、中亚的国家。美国提出的"印太经济走廊""新丝绸之路"目前未见任何具体行动。我国为推动"一带一路"建设而设立的亚洲基础设施投资银行,即使在美国对其盟友施压,反对其加入的情况下,仍有57个国家参加。这些国家均成为创始成员国,涵盖了除美日和加拿大之外的主要西方国家,以及亚欧区域的大部分国家,成员遍及五大洲。

中国在提出"一带一路"倡议的时候有三大优势:第一,中国在基础设施的建设,不管是生产建筑材料的产业还是施工的能力上均有比较优势。第二,中国现在有3.2万亿美元的外汇储备总额,并且展望未来,中国每年的外汇储备还可能继续增加,有足够的资金来投资"一带一路"所需的基础设施建设。一般制约发展中国家发展的一个瓶颈就是基础设施,如果我们能帮助其解决这一问题,会受到广泛欢迎。第三,中国有发展阶段的优势。改革开放以来我国依靠劳动密集型加工制造业的发展成为世界的工厂、最大的货物贸易出口国。现在,随着工资水平的不断上升,劳动密集型加工业逐渐失掉比较优势,需要转移到其他工资水平比较低的国家。"一带一路"沿线绝大多数国家的人均GDP水平不及中国的一半,是承接我国劳动密集型产业转移的好地方。以"一带一路"的基础设施建设,来帮助这些国家承接劳动密集型产业,能够为其创造就业、增加出口。第二次世界大战以来的经验表明,哪个发展中国家能够抓住劳动密集型产业国际转移的窗口机遇期,哪个国家就能够取得20年、30年的快速发展,从而摆脱贫困,进入中等收入甚至是高收入国家的行列。这些发展中国家的快速发展,也会给发达国家带来梦寐以求的不断扩张的市场。

20世纪60年代,日本的劳动密集型产业向海外转移时,其制造业雇佣人数的总体规模是970万人。20世纪80年代,韩国整个制造业雇佣人数的规模是230万人,新加坡是50万人,中国台湾是150万人,中国香港不到100万人。而按照第三次全国工业普查数据,我国大陆地区制造业从业人数高达1.25亿人。也就是说,如果中国的劳动密集型产业向海外转移,就可以提供足够的机会让"一带一路"沿线发展中国家大大加快工业化、现代化进程。所以,"一带一路"倡议提出来以后,能够得到这么多国家的响应,其中最主要的原因在于这个倡议不仅符合我国自己的利益,能够打造一个国际和平的发展环境,让中国能够更好地利用国内、国际两个市场和国内、国际两种资源,而且会给其他发展中国家带来千载难逢的发展机遇,助推其实现工业化、现代化的梦想。各个发展中国家的工业化、现代化和持续发展也有利于促进美欧日等发达国家和地区的出口、就业及经济增长,助其走出2008年金融危机以来的疲软状态,恢复增长的常态。

总的来说,自贸区的政策以及"一带一路"的倡议,都是中国在这个发展阶段,根据国内、国际形势的变化与时俱进提出的新的改革开放战略。这个战略的落实，能够让中国有一个更完善的市场经济体系和一个更好的外部环境，并且不仅能够帮助中国实现中华民族伟大复兴的中国梦，也可以帮助其他发展中国家实现工业化、现代化的梦想，同时使发达国家走出当前的困境，展现出"一花独放不是春，百花齐放春满园"的美好图景。"一带一路"倡议的落实将会带来一种全新的国际和平、发展、共赢的新秩序及新格局。

（本文根据作者在 2016 年北京论坛上的发言整理而成）

Keping Yu

互信、合作与全球的善治

俞可平

北京大学讲席教授,北京大学中国政治学研究中心主任。

人类进入全球化时代后，国际社会最引人注目的发展之一，便是全球治理作为一种理论思潮与实践活动的兴起。全球化时代的来临，使得人类自身日益强烈地感受到，我们只有一个地球，各国共处一个世界，全人类已经成为一个休戚相关的命运共同体。与此相一致，越来越多的人开始认识到，全球化将各民族国家的命运前所未有地联结在一起，只有依靠全球治理，才能有效解决人类所面临的许多全球性问题，确立公正合理的全球秩序。全球治理的兴起，既表明人类对自己在全球化时代所面临的共同问题和共同命运的觉醒，也表明人类为追求文明的和谐与共同繁荣所做的努力。

　　中国是全球治理的积极推动者和参与者。关于全球治理的研究，是中国学术界一个新的热点领域。中国学者对全球治理的价值、目标、主体、体制、法律、效果、评价指标、发展趋势，以及全球治理的中国方案等重要问题，进行了深入的研究，贡献了中国学者对全球治理的独特见解。中国学者清楚地看到，人类进入全球化时代后，各国之间的内在联系前所未有地加强了，各国人民的命运事实上已经紧密相连。全球问题的解决，亟须更加合理和科学的全球治理机制。全球化为全球资源的合理配置和国际合作创造了良好的条件，但也增大了全球各种政治、经济和社会风险。因此，在全球化时代，世界上的事情尤其需要各国共同商量着办，尤其需要在建立国际机制、遵守国际规则、开展国际合作、追求国际正义等方面达成全球性的共识。

作为现行国际体系的积极参与者和建设者，中国政府本着"共商共建共享"的理念，主动承担起中国在全球治理中的大国责任，努力推进全球治理体系和治理机制的合理化。中国领导人积极倡导平等、公正、合理、互利、合作和可持续的全球治理观，不断寻求全球治理的最大公约数，持续地推动全球治理体系变革。作为一个负责任的大国，中国还推出了许多旨在完善全球治理的重大举措。例如，中国积极参与国际反恐怖活动和联合国维和行动，带头签署应对气候变化的《联合国气候变化框架公约》，坚定地支持联合国系统的合理化改革，支持二十国集团（G20）成立全球基础设施中心，支持世界银行设立全球基础设施基金，并将通过建设丝绸之路经济带、21世纪海上丝绸之路、亚洲基础设施投资银行、丝路基金等途径，为国际合作和全球治理的基础设施投资作出贡献。

然而，从世界范围看，全球治理的格局还很不合理，全球治理体制还很不完善，各国推进全球治理的行动也存在很大差距。从国际社会政治生活和经济生活的现实进程来看，我们不难发现：一方面，全球治理已经取得一些明显的成果；另一方面，全球治理还远远落后于全球化进程的需要。

从积极的角度看，我们可以看到以下这些令人高兴的发展：世界各国政府和国际社会对全球治理的重视程度在提高，对人类命运共同体的共识在增加。全球治理的主体日益多元化，除了民族国家、国家集团和国际组织之外，其他全球治理主体的作用正在日益增大，特别是跨国公司和全球市民社会组织。从总体上说，全球治理的规则对民族国家的约束力正在日益增大，个别超级大国主宰国际事务的时代已经过去。在某些全球问题领域，如抵御全球金融风险、应对气候变暖、打击国际犯罪、遏制全球恐怖活动、控制传染病等方面，各国的合作程度在增加。全球治理正在重构全球共同体，催生新的全球认同。

从消极的角度看，全球治理的效果并不理想，正面临着一系列严峻的挑战：全球范围内的不平等在继续扩大，而不是在缩小；全球环境的恶化，特别是气候变暖，未能得到有效遏制；国际恐怖活动对人类的威胁在进一步增加，国际社会明显缺乏足够的安全感；地区性的暴力冲突时有发生，严重威胁着世界和平；去全球化或反全球化的趋势在增强而不是削弱；国际贸易的速度并没有预想得那么快，特别是近几年受全球金融危机影响，速度明显放慢；众多全球治理领域还缺乏有效的国际规制；全球治理机构的权威性严重不足；国家保护主义开始抬头，有些国家在全球治理上采取双重标准，使得全球治理在一些领域和国家几乎完全失效。全球化在催生全球治理的同时，也带来了全球风险。

面对全球治理的这种现状，我们应当怎么办？在我看来，答案是十分清楚的：倡导一种民主的、公正的、透明的和平等的全球治理，是解决全球紧迫问题、应对全球严峻挑战的关键所在。我们应当对全球治理怀抱一种理想，这种理想就是实现全球善治。全球善治是全球所有行为主体的公共利益的最大化，是国际社会共同利益的最大化。全球善治是国际秩序的最佳状态，它既是各国政府间的最佳合作，也是全球市民社会之间的最佳合作。正如善治是国家治理的理想状态一样，全球善治则是世界治理的一种理想状态，是国际社会的道义力量所在。全球善治为全人类的治理设定了一个长远目标，可以使世界治理有一个明确的方向。

"国家利益至上"一直被各国政治家奉为国与国交往的金科玉律。毫无疑问，它还将继续成为国际交往的重要准则。然而，在全球化时代，国家利益的实现方式发生了实质性的变化。在越来越多的情况下，国家利益与全球共同利益不仅不相冲突，而且后者成了前者的前提条件。全球性的生态灾难、人道灾难、经济灾难和战争灾难一旦发生，国家利益往往无从谈起。与此相一致，在越来越多的情况下，一旦全人类的共同利益得到了切实的维护和增进，国家利益也会随之得到切实的维护和增进。因此，追求全球善治，不仅是追求全人类的共同利益，从某种意义上说，也是追求民族国家的公共利益。

实现全球善治需要全人类的共同努力，尤其需要国际社会的合作与互信。

国际合作是通往全球善治的唯一道路。"9·11"事件后，有一句话经常被人们引用，大概意思是：只有在与别人的交往中，我们自己才能实现自由；只有别人处于安全状态，我们自己才能安全。这表明人类日益认识到，只有合作，才能实现全球资源的合理配置；只有合作，才能保护地球的生态环境；只有合作，才能遏制跨国犯罪；只有合作，才能预防全球风险；只有合作，才能消除人类的贫困；只有合作，才能维护人类自身的安全；只有合作，才能实现全球的民主治理；只有合作，才能最大限度地增进全人类的共同利益。简言之，地区之间的相互合作、国家之间的相互合作、民族之间的相互合作，是人类实现幸福、繁荣与和平的必经之路。

国际合作是人类进步的重要动力。人类在科技、政治、经济和文化等方面的每一个进步，都离不开各个民族、各个国家和各种文明的相互学习。每一种文明都既有它自己的独特优势，也有它内在的不足。只有取长补短，虚心学习其他民族和其他文明的优秀成果，每一种文明才能不断进步。一个伟大的民族和一种伟大的文明，之所以伟大，重要的原因就在于其善于向其他民族和其他文明学习。国际合作，为民族国家和不同文明之间的相互学习提供了良好的平台。从某种意义上说，国际合作的过程，也就是各民族国家之间相互学习的过程。

全球善治所要求的国际合作，是一种跨文化的合作。国际合作的最终目的，既是增进全人类的共同利益，同时也是增进民族国家自身的利益。因此，真正的国际合作，不仅应当是超越政治制度、经济制度和意识形态的合作，而且应当是超越文化差异和民族差别的合作。全球化时代不应是文明之间相互冲突的时代，而应当是各种文明相互融合的时代。跨文化的国际合作，是最深层的国际合作；跨文化的合作，是促进各种文明相互融合的重要途径。只有跨文化的合作，才能使人们的民族认同与全球认同不相冲突。

全球善治所要求的国际合作，是一种建立在多样性之上的合作。全球化是一个整体性的人类历史变迁过程，其基本特征就是经济一体化、政治民主化和文化多样化。全球化不仅没有消除民族国家的自主性，反而凸显了民族国家的自主性；不仅没有消除民族文化传统，反而凸显了各民族的文化多样性。全球化是一个国际化与本土化、普遍化与特殊化、一体化与碎裂化、同质化与异质化并存的过程。全球化时代的国际合作，不应以牺牲民族国家的多样性为代价，而应当在保持民族国家多样性的前提下追求全球的文化认同和价值认同，做到中国古人所说的"和而不同"。

全球善治所要求的国际合作，是一种互惠互利的合作，必须建立在相互平等和尊重的基础之上。有效的国际合作，对于合作双方来说，是一个双赢的过程，合作伙伴之间的关系必须是平等的关系。只有建立在平等、互利、相互信任、相互尊重的基础之上，国家与国家之间才能有积极和长久的合作，国际合作的利益才能最大化。"胡萝卜加大棒"的时代已经过去，现在人类需要的是以公正、民主、平等、宽容、友爱、信任和共赢为特征的新的合作模式。人类既是一个命运共同体，也是一个利益共同体，只有这种新的合作模式，才能引导各国人民坚定不移地迈向这样一个利益共同体，最大限度地增进全人类的整体利益。

加强跨文化、跨国别和跨制度的国际合作，需要各国人民的共同努力。促进跨文化、跨国别和跨制度的国际合作，既是各国政府和国家间组织的重要责任，也是全球市民社会的重要责任；既需要各国政府的积极行动，也同样需要全球范围内各种民间组织的积极行动，特别是各国人民的主动参与。在全球化进程日益加快的今天，国际社会的每一个成员，人类社会的每一个分子，都应当主动积极地为推动国际合作作出贡献。只有这样，人类才会拥有乐观的前景和积极的未来。

跨文化、跨国别、跨制度的国际合作的前提，就是人类的相互信任，既然人类是一个命运共同体和利益共同体，那就须臾离不开相互信任，因为互信是联结共同体的纽带，是构成人类共同体的一个基本要素。没有互信，就没有人类共同体；没有全球互信，就没有全球共同体。信任可以消除相互猜疑，增加国际社会的安全感；信任可以防止对立和冲突，增强国际社会的团结合作；信任可以使大家自觉遵守共同的规则，有利于改善全球秩序；信任可以降低交易成本，促进全球贸易的发展。信任是人类的一种美德，对于个人如此，对于国家如此，对于国际社会也同样如此。没有足够的全球互信，就难以形成全球价值、全球共识和全球认同，就难有全球安全感，从而也就难以开展积极的国际合作。

北京论坛致力于通过各国学者之间的深度交流与对话，来促进各国文明的和谐与共同繁荣。对于增进各国学者之间的相互理解，唤醒全人类的"命运共同体"意识，形成全球善治所需要的全球共识，北京论坛已经发挥了重要的作用。本届论坛将"互信·合作·共享"作为研讨和交流的主题，这对加深人们对全球治理的认识，推进全球善治，必将产生十分积极的影响。

（本文根据作者在2016年北京论坛上的发言整理而成）

Qide Han

科学、文明与人类未来

韩启德

北京大学教授，中国科学院院士，中国科学技术协会名誉主席。

科学是推动人类文明进步的革命力量，也是未来人类可持续发展的基石和原动力。从历史来看，科学的进步不断创造着新的生产、生活方式和发展理念，推动人类文明迈向新的、更高的台阶，引领人类社会向前发展。特别是18世纪中叶以来，科学研究的新发现引发了历次技术革命，进一步引发工业革命和社会变革，从而推动人类社会相继进入"蒸汽时代""电气时代"和"信息时代"，人类文明由此发生了翻天覆地的变化。随着生物技术、互联网、人工智能等的发展，人类已步入第四次工业革命，其技术发展和扩散的速度，以及对人类社会影响的深度和广度，都是前三次工业革命远远不能相比的。

新科技带给我们各种各样的好处，比如，生命科学的进步使我们的寿命显著延长，数字技术和信息技术使我们的生活变得更加快捷方便，人工智能技术使我们的身心得到更大程度的解放。科学技术造福人类，对人类文明进程发挥了巨大的推动作用，"科学技术是第一生产力"的著名论断深入人心。实际上，除了引领技术发展之外，科学有超出功用的智慧、超出技艺的价值，科学方法、科学思想和科学精神，对人类的世界观、价值观及思维方式也都产生了根本性的影响。比如，文艺复兴时期人本主义与现代哲学的产生，20世纪初"赛先生"的引进对中国人思想转变的影响，现代教育的核心从单纯的人文变成同时重视现代科学等，无一不受到科学观念的影响。如今，科学革命及其伟大作用不仅成为世界科学共同体的共识，也成为整个人类思想界的共识。

近代科学革命发生以后，科学飞速发展，与技术的结合日趋紧密，科学技术一体化发展已经成为现代科学发展的一个重要趋势。一方面，现代科学的发展在越来越大的程度上依赖现代技术为它提供的研究手段。比如，没有冷冻电子显微镜，结构生物学就不可能取得近年来的重大进展；没有DNA测序方法和设备的改进，人类基因组计划就不可能如期完成。再如，中国在贵州建设的500米口径球面射电望远镜"FAST"，是未来天文学重大发现及新宇宙学理论建立的重要基础。如果没有类似这样的技术工程，未来的宇宙学理论很难有大的突破。

另一方面，现代技术的发展越来越依赖现代科学为它提供的理论基础，很多重大技术创造都是在现代科学的基础上开发出来的。比如，原子能技术、电子技术、计算机技术、航天技术、激光技术几乎都是先在科学上取得突破继而转变为技术成果的。此外，科学技术一体化，还表现在从基础研究、应用研究再到技术开发的周期缩短，甚至在某些领域已经呈现出协同、并举和融合的景象。

从科学的历史来看，科学作为一种社会实践活动，它的发展动力既来自科学内部，又来自社会各种因素对它的影响。科学发展的内部动力来源于人类的好奇心、求知欲和科学自身发展的惯性。科学发展的外部动力来源于社会需求、国家利益和政策驱动等。在早期,科学发展以内部动力为主,发展相对缓慢。近两个半世纪以来,情况发生了很大变化。正如恩格斯曾指出的:"社会一旦有技术上的需要,则这种需要就会比十所大学更能把科学推向前进。"随着科学和技术一体化融合发展,科学发展的动力越来越依附外部影响因素,外生动力变得越发强大,而内生动力所剩无几。这是值得我们注意和思考的问题。

还有一个值得讨论的是科学中性的问题。传统上认为科学是中性的,不受价值约束、与价值无关。具体表现为科学的目的不受社会价值观念的影响;科学认识的过程不需要价值判断;科学成果是中性的,其技术应用才有善恶之分。但也有不同的看法。比如天文学革命的兴起,尽管当时科学家是出于好奇,但还是很难与价值完全分离,因为如果没有文艺复兴运动树立起人可以独立于自然的价值观念,那些科学家不可能挣脱思想禁锢去研究那样的问题。其实在现代科学刚刚产生时,培根就讲过:"科学的真正的、合法的目标说来不外是这样:把新的发现和新的力量惠赠给人类生活。"又比如科学家拿动物做实验,首先就已经确认了人的价值高于"非人"。很多科学研究在没有应用的时候,其实已经开始考虑它的价值了。比如第二次世界大战时期物理学家利奥·西拉德(Leo Szilard)曾呼吁科学家不要做核裂变研究,因为他看出核裂变研究必定会走向发展核武器。后来,反对不起作用,他又担心德国率先造出原子弹,反过来积极推动美国政府赶紧研制核武器以制衡法西斯德国。今年,诺贝尔生理学或医学奖被授予在缺氧耐受机制研究方面取得的成就。就研究内容看,这完全是中性的基础生命科学问题，但实际上研究者从一开始就抱有治疗癌症等应用目的。因此，可以用罗伯特·金·默顿（Robert King Merton）的话来理解："占主导地位的价值和思想感情，属于那些永远影响着科学发展的文化变量。"随着科学外生动力的强大，科学中性的特性日渐式微，"知识就是力量""科学要为人类造福"成为引领科学发展的新号角。

由于科学中性特征的消退，科学在前进的同时也不断显现出与其初衷相背离的问题，各种负面效应如生态危机、伦理危机、价值危机接踵而至，科学在给社会带来巨大贡献的同时也让人类付出了巨大代价。比如：科技创新极大地改变了人类的生产生活方式，但也引发了日益严重的生态环境问题；当前互联网、大数据不仅带来了便捷，还带来了各种网络安全和隐私保护的难题；基因编辑等生命科学的新进展，使传统意义上的生命与家庭伦理受到挑战；人工智能一旦失去控制或被不正当利用，就有可能对人类安全构成重大威胁。此外，世界各国、各地区科技发展不均衡也容易引发国际冲突。掌握先进科技的国家和地区，往往具有发展的主动权和先决权；而科技受制于人的国家和地区，自身发展就比较被动。科技水平的悬殊差异，导致全球竞争中利益和发展的失衡，加大了贫富差距，扩大了全球化进程中的不平等，加剧了全球矛盾，也为恐怖主义和宗教极端势力的滋长提供了土壤。可以说，科学的进步与人类文明的发展之间具有复杂的促进与制衡关系。科技发展到今日，对人类文明来说已成为一把双刃剑，在当代人类文明中具有压倒性的优势地位，对于人类文明发展的前景具有非常重要的主导作用。

科学这一潘多拉魔盒似乎已经被打开，人们开始担忧科学发展会不会失控，从而导致人类文明倒退，甚至加快人类消亡。当前人工智能和基因编辑技术的发展及应用促进了人们对这个问题的思考。乐观者认为科学总有办法解决自身带来的问题：比如针对煤炭、石油资源耗竭，可以采用核聚变技术发电，从地表深处取能，甚至利用光合作用产能；比如针对生态破坏，可以通过利用新能源、新农业、新水利乃至新食物来应对。这是对科学的绝对信任。但实际上科学似乎并没有那么伟大，像生态环境这样的问题已经困扰人类多年，至今仍然没有寻求到科学层面的解决办法。科学存在方向和价值问题，提醒人们要重视人文的作用，因为人文是科学发展的方向盘和刹车。发展科学技术的同时，必须大力发展科学文化。

中国具有历史悠久的传统文化，在传统文化影响下形成的不同于科学的知识系统，造就了历史上中华文明的辉煌，但与此同时也影响了科学在中国的形成、发展和普及。比如：天人感应的世界观中没有一个独立的自然界，不会主动去追问和探索自然；传统的思维方式不利于产生精确和逻辑严密的方法论；非世袭的文官制度和科举制度不利于吸引人才从事科学研究；身份认同的等级制度不利于产生自由平等的学术氛围；等等。近代中国同世界科技发展潮流渐行渐远，科技水平落后于世界，由此造成了被动发展的局面。于是，一批富有改革精神的中国知识分子"开眼看世界"，寻求强国良方，提出了"师夷长技以制夷"的主张，开启了向西方学习的新潮流。

在19世纪下半叶的"洋务运动"和20世纪初的"新文化运

动"的推动下，现代科学被引进中国。但在半殖民地半封建的旧社会，现代科学发展严重受限。随着新中国的成立，"向科学进军"始终是发展的主题，尤其在改革开放后，中国人的思想得到了真正的解放，科学技术发展一日千里，开始由"跟跑"发展到"并跑"。中国知识分子历来具有家国情怀，在近代以来内忧外患的重压和现代科学的推动下，这一传统又被中国科学家赋予了更加多样的形式和更加丰富的内容。一代又一代中国科学家传承不息、奋斗不止，坚持国家利益和人民利益至上，将现代科学技术与洗刷民族屈辱、实现国家富强和人民幸福的目标紧紧连在一起。今天，更多的科学技术专家把自己的人生构建于时代大背景下，着力攻克关系国计民生的基础前沿难题和关键核心技术，使中国科技终于进入国际舞台，在世界科技领域占有一席之地。

当今中国，科技创新已成为支撑国家发展的关键力量，扮演着现代化建设征程中发动机的角色。近年来，中国的创新环境日臻完善，一些影响创新的痼疾正在被破除，资源配置、计划项目管理、科技成果转化和人才评价等热点难点问题正在得到解决。国际上越来越多的评论认为，中国创新力量快速崛起，正在摆脱科技创新跟踪者的角色，正在深刻改变世界创新版图。的确，中国的科技成就举世瞩目。比如潘建伟教授领队的量子技术；比如目前全球最大的 500 米口径球面射电望远镜"FAST"；再比如北斗卫星导航定位系统、超级计算机"神威·太湖之光"、"蛟龙号"载人深潜器；等等。目前中国已成为具有重要影响力的科技大国，但是，我们也必须清醒地认识到，中国还算不上科技强国。中国科学发展的一个重要障碍是缺乏科学的传统，培植科学的土壤比较贫瘠。比如，平等批判、理性质疑、挑战未知、勇于冒险、不怕失败的科学精神还远未形成社会气候；重数量轻质量，以"帽"取人，申请基础研究项目时必须说明其应用前景等不科学的评价机制还在掌控着中国科技发展的"方向盘"。因此，对于中国当今的科技发展状况，既不能妄自菲薄，也不能妄自尊大，应当作出全面的战略分析，准确研判中国科学当前在世界上所处的水平和地位。同时，我们也应当始终保持一种谦虚的态度，向西方发达国家以及其他优秀文明学习。

从历史和现实来看，向先进国家学习在国家的崛起和兴盛中发挥着至关重要的作用。回顾一个多世纪的历史，中国由贫到富、由弱到强的发展转变历程，就是不断向世界其他国家学习的历程。中国应当以更加开放包容的姿态，加强同世界各国的互容、互鉴、互通，继续学习，学习人类创造的一切优秀文明成果，推动中国和世界发展得更好。与此同时，中国更应当有自信，自信是一个国家发展中更基本、更深沉、更持久的力量。改革开放 40 多年来的中国道路向世界展现了另一种科学技术和社会文化的发展经验，那就是坚持创新是第一动力、人才是第一资源的理念，在政府强有力的主导下实施创新驱动发展战略，推动中华文明创造性转化和创新性发展。40 多年的实践充分证明了中国在科学发展的道路上有速度，有成绩，未来中国引领世界科技潮流是有可能的，也是值得期待的。"中国道路""中国模式"的成功引起了世界，特别是广大发展中国家的广泛关注和认同，为广大发展中国家走向现代化提供了成功经验，是中华民族对人类文明进步作出的重大贡献。

当今世界，人类文明存在多元性、发展不平衡的特点。文明的多元使这个世界更加丰富多彩和美好，世界各地区、各民族创造的文明是人类的共同财富，共同推动了人类文明的进步。文明发展的不平衡也会带来文明间的冲突。在世界多极化、经济全球化、社会信息化的条件下，各种文明交流、激荡、融合的机会空前增多，人类的命运从来没有像今天这样紧密相连，各国的利益从来没有像今天这样深度融合。与此同时，当今世界面临的不稳定性、不确定性日益突出，百年未有之大变局使各国面临全新的问题与挑战，也不断重塑各国开展合作的机遇和环境。中国古代先哲很早就提出了"和实生物，同则不继""和而不同"等思想，中国应当继承和弘扬中华文明的价值观，全面把握大变局时代发展的重要战略机遇期，以更加开放、合作的心态推动文明交流互鉴，为人类社会的长远发展贡献出更多的中国方案、中国价值和中国智慧。随着新一轮世界科技革命和产业变革的到来，中国应当加强科技领域的国际合作，着眼人类的共同利益和长远利益，坚持"美人之美，美美与共"，推动构建人类命运共同体，为人类文明进步作出应有贡献，引领世界多元文明在激荡融合中走向更加光辉的未来。

（本文根据作者在 2019 年北京论坛上的发言整理而成）

Roger T. Ames

世界文化秩序变革之中的儒学哲学

安乐哲

美籍汉学家,北京大学人文讲席教授,
世界儒学文化研究联合会会长,
国际儒学联合会副会长。

今天正当最好的时代，也是最糟糕的时代。

21世纪伊始，快速的科技创新给人类带来机会，使人类生活变得非常舒适、方便。至少在发达国家，人的寿命延长了，物质生活比任何时候都好，日子似乎越过越好。但是限制人类走向发达社会的机会，却也是我们自己设定的界限。作为生命物种，我们掌握的科学，可以制造纯净的水和食物，可以让地球上的孩子们免受疾病与饥饿。只要我们有社会智慧与政治意志，我们今天就能走向日益和平、繁荣的新纪元。

与此同时，我们也正生活在一个日益紧迫的时刻，一场罕见的全面性危机，正在地平线显现。即使它最终不危及作为一个生命物种人类的存活，也将在根本上威胁我们习惯的生活方式。我们生活的世界，是个被气候变化、极端恶劣天气、人口爆炸、全民收入不平等、粮食短缺、环境恶化、传染病蔓延、能源短缺、国际恐怖主义、核扩散、生活垃圾成堆、大量贫困等问题围堵的世界。恐怕整个画面最让人心急如焚的，是随着陡然变化接近一个临界点，使我们失去了任何回归的可能性，其飞速发展的轨迹几乎是垂直的。

这个迫在眉睫的困境，似乎至少有以下三种诱因：第一，人类与其存在于世的方式共同造成了我们所感受到的不安。我们在很大程度上是自作自受。第二，这一困境超越国籍、文化和社会的界限。比如传染病蔓延与全球变暖等危机都具有全球影响力。第三，这一系列危机问题，是有机联系的。其必然结果，是"零和"性质的：对这些问题，人类要么悉数解决，要么一筹莫展。这意味着，其中的任何问题，都不能由某一单方独自解决；相反，我们面临的是一个主要由人类造成的困境，这必须由整个国际社会协同一致地共同应对。

这种日益严峻的形势，只有在全球范围内人类意志、价值与行为有了彻底改变的时候，才能得到扭转和遏制。中国的发展，更具体地说，中国自身的强大所产生的全球影响催生了一套正在变化的经济与政治模式，这有迹可循。但文化的发展变化呢？如今，这种经济、政治支配地位引人注目的变化，将给长期以来由强势的自由主义主导的精英的世界文化秩序带来什么变化？中国传统思想和价值，在一个新兴文化秩序的形成之中，会扮演什么样的角色？

美国哲学家詹姆斯·卡斯（James P. Carse）对"有限游戏"与"无限游戏"的区分，或许有助于我们开始思考儒家价值如何在新兴的文化秩序中发挥作用。卡斯认为，在这种区分之中，"游戏"其实是广义人类经验的一个类比，如做生意，参加体育比赛，进行外交关系谈判，改良教育等。"有限游戏"关注的焦点是个体玩家的能动性，该玩家在限定时间内，根据一套保证输赢结局的有限规则来进行游戏——必须在有限时间内产生一个结果，即一个赢家，一个输家。因此，"有限游戏"有一个有限的开始和结束,并且,玩"有限游戏"就是要赢。

　　渗透一切社会领域的这种意识,变成一种"个人主义"的意识形态,与之伴随的"自由价值"将"有限游戏"变为流行模式,一旦陷入这样的思维模式,我们就会倾向将"有限游戏"作为样板来理解所有层级的人类互动:无论是人与人之间、企业与企业之间,还是国家与国家之间,均视同一律,毕竟竞争(如生意、体育、外交事务、教育等)无处不在。这样一种"个人主义",不仅不能为我们提供对家庭、社区共同生活的任何可行、有效的理解,还与相关生活的经验事实构成紧张的对立。其实,这样一种虚构的"个人主义",完全忽视了具有亲密性、相互性与特殊性的真实家庭关系。

　　"无限游戏"则完全不同。它没有明确的开始与结束。其焦点在于强化和巩固实体间的协作关系从而实现共赢,并非为个体求胜而进行竞争。而且其根本目标,简单地说,就是人类的繁荣和继续游戏带来的享受。另外,当似乎有决断之可能时,"无限游戏"的规则是可变的,这是为了达到游戏可以继续进行这一终极目的。我们过着彼此关联的生活,我们的社会性不仅体现在构成我们独特叙述的交往中,而且体现在我们最基本的、以角色为基础的个人身份感中。

　　家庭成员之间的关系,是合适的"无限游戏"的范例。母亲肯定坚定地维护她与儿子的关系。这样,母子二人可以一起应对共同生活中可能出现的无论多么复杂的问题。在这样的"无限游戏"中,关系的互相依存性意味着,母子双方的成功与繁荣是相辅相成、互为因果的——好与不好,都是共进退的。"无限游戏"

总是"双赢"或"双输"的。家庭的意义涉及并依赖其每一个成员的良好修养；延伸开来，整个宇宙的意义涉及并依赖家庭与社群中每一个人的良好修养。

个人价值是人类文化的源泉，而人类文化则是为每个人的修养提供语境的聚合资源。虽然肯定存在重要的理论意义，但儒家事业经久不衰的力量在于其起点是建立在对实实在在的人的经验的相对直接关怀上。这种务实自然主义的意义，不在于依赖形而上学假设或者什么超自然思辨，而在于它的着眼点是弘扬人类价值的可能性：只有在人伦日用之间，人才能不断提升日常事务看似普通的价值。例如，祖母对孙辈的爱，非常直接也最普通，可与此同时，却包含着最不寻常的深意。

当我们去寻找必要的文化资源以应对上述"祸不单行"的全球性或国家性困境时，我们应该意识到：我们的价值观、意识倾向及行为需要有所改变；我们要走出自利的个体玩家进行的"有限游戏"的阴影，进而切换到"无限游戏"的模式。游戏能持续进行，靠的是不断改善家庭、社群、团体、国家等所有层级的关系；因为这对于处理我们今天所共同面对的问题是必需的。我们必须毅然决然地突破"个体玩家竞相逐利"的模式和"有限游戏"的心理，认识到"关系至上""关系为本"的重要性，这种"关系性"是"无限游戏"所特有的互相依存与多样性价值观的基础。

虽然儒家哲学无法解决世界上所有的问题，但它确实在帮助拥有共同世界和共同未来的共同人类在从"有限游戏"走向"无限游戏"方面作出了重要贡献。广义上的整个中华文化——无论儒家、佛家还是道家，其价值观、意识倾向与行为的出发点，都是基于对关系的重要性——"关系为本"的认识。而"关系为本"，恰恰是"无限游戏"的特点。穿越众多世纪的悠久历史，经过世世代代的长期过程，儒家思想更趋精深博大、绵延不已；现在，进入我们这个时代，东亚儒家文化成为世界文化演进所需的资源。儒家思想的价值观是这样一种文化资源，它可以使人类经受住这场"祸不单行"的风暴的考验，在风平浪静后重新扬帆起航。

（本文根据作者在 2021 年北京论坛上的发言整理而成）

第三部分
共同的挑战

北京记忆

Lang Ye

中国传统文化中的生态意识

叶朗

北京大学哲学系教授,北京大学艺术学院名誉院长,
北京大学文化产业研究院名誉院长,
北京大学美学与美育研究中心名誉主任。

在当今世界，国际社会的一个崇高理想是推进文明的和谐与共同繁荣，建设一个和谐、美好的世界。

推进文明的和谐与共同繁荣，面临着一个多元的文明带来的文化的差异的问题。无论在人类历史上还是在当今世界，人类的文明都是多元共存的格局，而不是一元独存的格局。这种多元文明共存的格局必然带来文化的差异。一方面是不同地区、不同民族、不同宗教的文化的差异，另一方面是传统文化和现代文化的差异。这两方面的差异，往往纠结在一起，呈现出异常复杂的态势。这种文化的差异，受政治、经济等因素的影响，又往往引发地区矛盾和冲突，造成国际局势的动荡不安。

解决这个多元文明的文化差异问题，需要国际社会从多方面做工作。

从一个方面看，一个地区、一个民族的文明和文化，都有不同于其他地区、民族的特殊性，都有自己特殊的价值观和思想体系。这是在长期的历史发展中形成的。就这一点来说，我们应该尊重文明和文化的多元性、多样性，提倡文明和文化的开放性和包容性。对于其他地区、其他民族的文明和文化，我们应该采取尊重的态度，要尊重他人、谅解他人，进一步还要欣赏他人、学习他人，并以此来提升自我，用费孝通先生的话来说，就是"各美其美，美人之美"。

这是这几年大家谈得比较多的一个方面。

我觉得还有一个方面也应引起我们的注意。一个地区、一个民族的文明和文化，除了有自己的特殊性之外，在某些方面（常常是十分重要的方面）也会有共通性，会有彼此相通的地方。也就是说，在不同地区、不同民族的文明和文化中，往往会有体现全人类普遍价值的内容。这部分内容由于当今国际社会各种现实利益的冲突而被人们忽视了，或被掩盖了。如果这方面的内容得到国际社会的重视，并在世界范围内广为传播和交流，必将大大有助于不同地区、不同民族之间文明和文化的沟通及互相认同，必将大大有助于推进多元文明的和谐和共同繁荣，对于实现人类的美好理想（费孝通先生概括为"美美与共，天下大同"），必将产生深远的影响。

就我们中华文化来说，中华文化一方面有自己的特殊性，这种特殊性表现在哲学、宗教、政治、道德、文学、艺术、生活方式、审美情趣等多个层面，另一方面又有体现全人类普遍价值的内容，这种体现全人类普遍价值的内容，也表现在上述各个层面。其中，生态意识就是突出的表现。

现在全世界都普遍关注生态环境的保护问题。当今世界，人与自然的分裂越来越严重。人为了追求自己的功利目标和物质享受，利用高科技无限度地榨取自然，不顾一切，不计后果。自然资源被大量浪费，许多珍稀动物被乱捕滥杀而处于濒临灭绝的境地，大片森林被乱砍滥伐而变成沙漠，海水污染，气候反常，自然景观和生态平衡受到严重破坏。面对日益严重的生态危机，国际上出现了生态伦理学和生态哲学。倡导生态伦理学和生态哲学的学者们呼吁人们关注日益严重的生态危机，他们强调人类对自然环境的破坏已经达到从根本上威胁人类生存的地步。

生态伦理学和生态哲学的核心思想，就是要超越"人类中心主义"这一西方传统观念，树立"生态整体主义"的新观念。"生态整体主义"主张地球生物圈中所有生物是一个有机的整体，它们和人类一样，都拥有生存和繁荣的平等权利。这种生态伦理学和生态哲学，已经成为当今全人类带有普遍性的价值观念。

我们了解一下中国传统文化，就会发现中国传统文化包含一种强烈的生态意识，这种生态意识与当今世界的生态伦理学和生态哲学的观念是相通的。

中国传统哲学是"生"的哲学。《周易》说："天地之大德曰生。"又说："生生之谓易。"生，就是草木生长，就是创造生命。中国古代哲学家认为，天地以"生"为道，"生"是宇宙的根本规律。因此，"生"就是"仁"，"生"就是善。周敦颐说："天以阳生万物，以阴成万物。生，仁也；成，义也。"程子论："生之性便是仁。"朱熹说："仁是生底意思。""只从生意上说仁。"所以儒家主张的"仁"，不仅要亲亲、爱人，而且要从亲亲、爱人推广到爱天地万物，因为人与天地万物一体，都属于一个大生命世界。孟子说："亲亲而仁民，仁民而爱物。"张载说："民吾同胞，物吾与也。"（世界上的民众都是我的亲兄弟，天地间的万物都是我的同伴。）程子说："人与天地一物也。"又说："仁者以天地万物为一体。""仁者浑然与万物同体。"朱熹说："天地万本吾一体。"这样的话还有很多。这些话都是说，人与万物是同类，是平等的，彼此间应该建立一种和谐的关系。

这就是中国传统文化中的生态哲学和生态伦理学的意识。

和这种生态哲学、生态伦理学的意识相关联，中国传统文化中也有一种生态美学的意识。

中国古代思想家认为，大自然（包括人类）是一个生命世界，天地万物都包含有活泼泼的生命和生意，这种生命和生意是最值得观赏的。人们在这种观赏中，体验到人与万物一体的境界，从而得到极大的精神愉悦。程颢说："万物之生意最可观。"宋明理学家都喜欢观"万物之生意"。周敦颐"窗前草不除去"。别人问他为什么不除，他说："与自家意思一般。"又说："观天地生物气象。"周敦颐从窗前青草的生长体验到天地有一种"生意"，这种"生意"是"我"与万物所共有的。这种体验带给他一种快乐。程颢养鱼，时时观之，说："欲观万物自得意。"他又有诗描述自己的快乐："万物静观皆自得，四时佳兴与人同。""云淡风轻近午天，傍花随柳过前川。"他体验到人与万物的"生意"，体验到人与大自然的和谐，"浑然与物同体"，得到一种快乐。这是"仁者"的"乐"。

清代大画家郑板桥的一封家书充分地表达了中国传统文化中的生态意识。郑板桥在信中说，天地生物，一蚁一虫，都心心爱念，这就是天之心。人应该"体天之心以为心"。所以他说他最反对"笼中养鸟"。"我图娱悦，彼在囚牢，何情何理，而必屈物之性以适吾性乎！"就是豺狼虎豹，人也没有权利杀戮。人与万物一体，因此人与万物是平等的，人不能把自己当作万物的主宰。这就是儒家的大仁爱观。儒家的仁爱，不仅爱人，而且爱物。用孟子的话来说就是"亲亲而仁民，仁民而爱物"。郑板桥接下去又说，真正爱鸟就要多种树，使其成为鸟国、鸟家。早上起来，一片鸟叫声，鸟很快乐，人也很快乐，这就是"各适其天"。所谓"各适其天"，就是万物都能够按照它们的自然本性获得生存。这样，作为和万物同类的人也就能得到真正的快乐，得到最大的美感（"大快"）。这也就是《礼记·乐记》说的"大乐与天地同和"。

我们可以说，郑板桥的这封家书，不仅包含了生态伦理学的观念，而且包含了生态美学的观念。

这种对天地万物"心心爱念"和观天地万物"生意"的生态意识，在中国古代文学艺术作品中有鲜明的体现。

中国古代画家最强调要表现天地万物的"生机"和"生意"。明代画家董其昌说，画家多长寿，原因就在他们"眼前无非生机"。宋代董逌在《广川画跋》中强调画家赋形出象必须"发于生意，得之自然"。明代画家祝允明说："或曰：'草木无情，岂有意耶？'不知天地间，物物有一种生意，造化之妙，勃如荡如，不可形容也。"所以清代王概在《芥子园画传》中总结了"画鱼诀"："画鱼须活泼，得其游泳像。""悠然羡其乐，与人同意况。"中国画家从来不画死鱼、死鸟，中国画家画的花、鸟、虫、鱼，都是活泼泼的，生意盎然的。中国画家的花鸟虫鱼的意象世界，是人与天地万物为一体的生命世界，体现了中国人的生态意识。

中国古代文学也是如此。清代大文学家蒲松龄的《聊斋志异》就是贯穿着人与天地万物一体意识的文学作品。《聊斋志异》

的美，就是人与万物的一体之美。《聊斋志异》的诗意，就是人与万物一体的诗意。在这部文学作品中，花草树木、鸟兽虫鱼都幻化成美丽的少女，并与人产生爱情。如《香玉》篇中两位女郎，是崂山下清宫的牡丹和山茶花（耐冬）幻化而成，一名香玉，一名绛雪。她们成为在下清宫读书的黄生的爱人和朋友。牡丹和耐冬先后遭到灾祸，都得到黄生的救助。黄生死后，在白牡丹旁边长出一棵嫩芽，有五片叶子，后长到几尺高，但不开花。这是黄生的化身。后来老道士死了，他的弟子不知爱惜，看它不开花，就把它砍掉了。结果，白牡丹和耐冬也跟着憔悴而死。蒲松龄创造的这些意象世界，充满了对天地间一切生命的爱，表明人与万物都属于一个大生命世界，表明人与万物一体，生死与共，休戚相关。这就是现在人们所说的"生态美"，也就是"人与万物一体"之美。

现在我把以上说的简单概括一下：

第一，中国古代思想家认为，"生"（创造生命）是宇宙的根本规律。因此，生就是"仁"，生就是善。

第二，中国古代思想家认为，人与万物一体，都属于一个大生命世界。因此，人与万物是同类，是平等的。人没有权利把自己当作万物的主宰，"屈物之性以适吾性"，而应该对天地万物心心爱念，使万物都能按照它们的自然本性得到生存和发展，这就是"各适其天"。

第三，中国古代思想家认为，天地万物（包括人类在内），都包含活泼泼的生命和生意，这是最值得观赏的。人们在这种观赏中，体验到人与万物一体的境界，从而得到极大的精神愉悦。

这就是"仁者"的"乐"。

第四，中国古代的许多文学艺术作品，充满了对天地间一切生命的爱，表明人与万物都属于一个大生命世界，生死与共，休戚相关。这就是"生态美"，也就是"人与万物一体"之美。

以上四点，大致概括了中国传统文化中的生态意识，其中包含了生态哲学、生态伦理学和生态美学的内容。这些内容，体现了当今全人类的普遍价值观念，极富现代意蕴。这些内容既是民族的，又是全人类的；既是传统的，又是现代的。

中国传统文化中有这样的内容，世界上其他地区、其他民族的文化中同样也有这种体现当今全人类普遍价值的内容。我们应该高度重视这方面的内容，把它们发掘出来，加以新的阐释，并把它们放在显著的位置上，使它们在世界范围内广为传播和交流，这将大大有助于不同地区、不同民族之间的文化沟通和互相认同，大大有助于促进多元文明的和谐和构建共同繁荣的格局，对于实现人类的世界大同的美好理想，必将产生深远的影响。

（本文根据作者在 2007 年北京论坛上的发言整理而成）

Jürgen Moltmann

当今时代危机中的生命文化

尤尔根·莫尔特曼
德国当代著名神学家,德国图宾根大学荣休教授。

我想谈谈最近一段时间以来我最关注的问题：

生命的文化比对死亡的恐惧更强大；

对生命的热爱战胜了世上种种破坏力量。

我坚信："哪里有危险，哪里就有救赎。"（Johann Christian Friedrich Hölderlin 语）

在第一部分，我想谈一谈当今时代我们所面临的威胁；在第二部分，我将从宜居世界的维度和爱的生命力方面进行回应。

一、当下对毁灭的恐惧

首先，当今人类的生命处于危险之中，这种危险不是生命的有限性造成的，因为人的生命一直是有限的。之所以说处于危险之中，是因为人们不再热爱、肯定和接受生命了。第二次世界大战后，法国诗人阿尔贝·加缪（Albert Camus）曾写道："不可思议的是：在欧洲，人们不再热爱生命。"所有经历过那场残酷战争的人都明白他说的意思。一旦人们不再热爱生命，就将走向相互杀戮。

如今，我们正面临一种新的死亡宗教。我指的是恐怖主义的意识形态。阿富汗塔利班领导人毛拉·奥马尔（Mullah Omar）说："你们的年轻人热爱生活，我们的年轻人热爱死亡。"2004年3月11日，马德里大屠杀发生后，我们发现很多信件中夹着同样的信息："你们热爱生命，我们热爱死亡。"似乎这就是自杀式袭击者的现代恐怖主义意识形态。大约在60年前，欧洲同样存在这种意识形态，西班牙内战中一个年老的法西斯将领喊道："死亡万岁！你不能制止自杀式袭击者，他对死亡没有丝毫恐惧，也不再热爱生命，他只想与被杀者同归于尽。"

其次，在恐怖主义背后隐藏着更大的危险：国与国之间签署的有关和平与不扩散核武器的条约都有一个自不待言的前提，即生存的愿望，双方都希望活下去。但是如果其中一方不想活下去，而是选择了死亡，并且想拉这个"罪恶的"或"邪恶的"世界陪葬的话，会是怎样的情形呢？如果一个拥有核武器的国家醉心于"死亡宗教"，因为被逼上绝路而放弃所有希望并成为世界上其他人眼中的集体自杀式袭击者，那又会是怎样的情形呢？只有在所有相关方都有求生意志和求生欲望的情况下，威慑才会发挥作用。

这种毁灭世界的想法所具有的诱惑力，看似陈旧、罪恶或者邪恶，但是会演变为与世界同归于尽的愿望。如果一个人能够毁灭整个与他敌对的世界，这个人将不惜牺牲他那看起来毫无用处也毫无意义的生命。对生的渴望、对生命的热爱和对生存的肯定，这三者真正的敌人就是这种带有所谓"末世论"色彩的"死亡宗教"。

再次，当前各国的日常生活除了面临着已知的政治威胁外，还有一个潜伏更久的威胁——核威胁。1945 年世界上第一颗投入实战的原子弹在广岛爆炸，这一事件在将第二次世界大战带向终结的同时，也开启了人类的末日。末日是指一个时代，在这个时代里人类随时有可能终结。在大规模核战争结束后的"核冬天"里，没有任何人能够存活。冷战时期，人类在这种大规模核战争的危险边缘上生存了 40 余年。确实，1991 年冷战结束后，大规模核战争不大可能发生了。我们处于相对和平之中。然而，一些大国和一些较小国家的弹药库中还存放着大量原子弹和氢弹，这些核武器将导致人类的自我毁灭。"第一个开火的人也是第二个死亡的人。"这就是盛行了 40 余年的所谓"相互确保摧毁"（mutually assured destruction）原则。大多数人已经忘记了核威胁的存在，直到去年奥巴马总统在布拉格重温"没有原子弹的世界"的旧梦，并开始与俄罗斯开启新的裁军谈判。直到此时，我们中的大部分人才突然再一次意识到笼罩在各国上空乌云般的灰暗命运。令人奇怪的是，我们都感觉到核威胁的公然存在，却陷入了美国心理学家所说的"核麻木"。我们压抑住焦虑，尽力不去想这种威胁并且努力生活，仿佛这种威胁并不存在。然而，潜意识中的危险正折磨着我们，摧残着我们对生命的热爱。

复次，与核威胁不同，气候变化不仅是一种威胁，而且已经成为一种四处可见的事实。这一点大家都可以看到、感觉到，并且能够闻得到。

当前全球经济体制给环境造成了破坏，这种破坏毫无疑问将威胁 21 世纪人类的生存。现代工业社会已经打破了地球有机体的平衡，并且正在导致普遍的生态毁灭，除非我们能够转变发展方式,否则无法阻止这一趋势的蔓延。科学家已经证明二氧化碳和甲烷的排放正在破坏大气臭氧层,化肥和各种杀虫剂的使用正在使土地变得贫瘠。种种迹象表明,当今全球气候已经发生了许多变化,受此影响,我们正在遭受越来越多的"自然"灾害,比如旱灾和洪灾。这些灾害其实在根本上并非自然发生的,而是人为造成的。南极和北极的冰川正在融化,科学家预测下个世纪,像汉堡这样的海滨城市、孟加拉国的滨海地区以及很多南海岛屿将被淹没。总之,地球上的一切生命都面临着威胁。

生态危机首先是西方的科技文明带来的,这是无疑的。

但如果认为环境问题只是西方工业国家的问题,那就错了。相反,生态灾难加剧了第三世界国家现存的经济与社会问题。英迪拉·甘地(Indira Gandhi)说得好:"贫穷就是最严重的污染。"

我们明白这一切但是无所作为。我们没有采取必要措施来阻止最坏结果的发生。这种无所作为可以称得上是"生态麻木"。没有什么比无所作为更能加剧即将发生的灾难。

人类能否战胜自我主导的命运并存活下来,我们不得而知。如果能,这很好。因为如果我们知道自己根本无法存活下来,我们就会无所作为;如果我们知道自己可以存活下来,我们也会无所作为。只有当未来这两种可能同时存在时,今天的我们才会为了活到明天而做必要的事情。因为我们无法知道人类是否能够存续,所以我们今天必须采取行动,就像是人类的未来取决于我们的努力一样,同时必须相信我们和我们的子孙将会战胜困难并存续下去。

最后,人类这一种群必须存在吗?还是说我们只是自然界的偶然现象？如今已经有近 70 亿人生活在地球之上，并且这一数字还将快速增加。地球也可能荒无人烟。地球在人类出现的几十亿年前就已经出现，并且也有可能在人类消失后继续存在同样长的时间。于是就有了值得关注的最后一个也是最深层次的问题：人类出现在地球上是纯属偶然，还是生命进化的必然结果？

如果自然界显现出"强人择原理"，那么我们就可以感受到"宇宙为家"（Stuart A. Kauffman 语）。如果无法证实这一点，宇宙将无法对有关人类存在的问题给出答案。如果人类不过是自然界的偶然现象，是多余的，同宇宙没有任何关联，或许只是大自然的一个错误，我们又怎能热爱生命并肯定人性呢？是否有如汉斯·约纳斯（Hans Jonas）所说的"应负的责任"（duty to be）？有任何理由热爱生命并肯定人类吗？如果我们找不到答案，那么每一种生命文化的根基都是不确定的，其基础是不牢靠的。

二、生命文化必须是人类与自然界共生的文化

（一）我们能不顾原子弹的威胁照常生活吗？我想我们的智慧是在增长的，但是如何增长呢？

奥巴马总统梦想着一个"没有原子弹的世界"，这是一个光荣的梦想，但也只是个梦想。现在人类会做的事情，未来的人类不可能不做。只要人们学过原子裂变公式就不可能忘记。自 1945 年广岛遭受原子弹轰炸以来，人类就已经丧失了"原子无知"。

但是，原子末日也是各国所处的第一个共同时代，所有国家在同一条船上。我们面临同样的威胁，每个人都有可能成为牺牲

品。在新形势下，人类必须团结起来形成生存的共同体。1945年联合国的建立算是迈出了第一步，国际安全伙伴关系将捍卫和平并给予我们生的时间，或许某一天人类能够实现跨越国界的团结，从而控制核破坏。借助科学，我们获得了战胜自然的力量；依靠智慧，我们获得了驾驭自身的能力。公众和政治智慧的发展与科学进步同样重要。

我们获得的第一个教训是：威慑不能确保和平。只有公正才能维护国家间的和平。除了公正的行动与利益的和谐均衡外，没有其他维护和平的方式。和平并不意味着消除暴力，而是彰显公正。和平是一个过程，而非财富。和平是在人类社会关系与全球关系中减少暴力与构建公正的共同途径。

我们各国内部的和平则是一个关乎社会公正的问题。贫困的替代品不是财富；贫困和财富的替代品是共享（community），而共享的精神是团结与互助。这在本质上是世界上各种宗教共同的道德教义。

（二）"敬畏生命"

在人类社会和自然环境联系在一起的生命体系中，如果产生了自然衰竭的危机，那么整个生命体系也将面临危机。我们现在所说的"生态危机"不只是我们所处环境的危机，也是我们整个生命体系的危机，我们不能只靠技术手段解决这一危机，它还需要我们转变生活方式，改变我们的社会主流价值观和信仰。与前现代的农耕社会不同，现代工业社会与地球的周期和节奏已经不再保持和谐。现代社会已经被编入人类各种项目的进展与扩张过程。我们将地球窄化为"我们的环境",破坏了其他生命的生活空间。没有什么比将自然界窄化为人类环境更具破坏性的了。

我们应该改变对自然界的现代式控制,转而"敬畏生命",如史怀哲(Albert Schweitzer)和《道德经》教导我们的那样,尊重每一种生命,敬畏人类世界和自然界共同的生命,敬畏所有生命。后现代生物中心论将取代西方和现代人类中心论。当然,我们不能回到旧的、前现代农业世界的宇宙取向,但我们可以开始对工业社会进行必要的生态转型。为此,我认为必须改变我们的时间观念:关于生产进度和垃圾处理的线性时间观必须让位于"可再生能源"及"循环经济"的循环时间观。只有生命的循环才能为我们进步的世界赋予稳定性。

1982年,联合国在《世界自然宪章》中指明了这一方向:

> 人类是自然界的一部分。……每种生命形式都是独特的,无论对人类的价值如何,都应得到尊重。

> 我们是"自然界的一部分",因此只有保持自然界的完整,我们才能生存下去。

(三)危机中对生命的热爱

人不仅是自然的恩赐,也承担着生而为人的使命。在充满恐惧时承担人性的使命,需要强大的生活勇气。必须肯定生命,反抗恐惧与威胁。简言之,生命必须存在,唯有如此,心爱的生命、人类和自然界的共同生命才会胜过全部被毁灭的威胁。我认为有三方面的因素促成了这种存在与生活的勇气:

第一，人的生命必须得到肯定，因为它也有可能被否定。众所周知，孩子只能在充满信任的氛围中成长。在排斥的氛围中，孩子的身心会变得萎蔫。孩子在被接纳的过程中学会接纳自己。对孩子而言如此，对整个人类而言也是这样：当我们被接纳、被欣赏、被肯定时，我们才有生活的动力；而当我们身处一个充满轻视与排斥的敌对世界时，我们就会躲进自己的世界并且充满戒心。我们需要对生命进行强有力的肯定才能抵挡对生命的否定。每一次对生命的肯定都要强于对生命的否定，因为肯定能创造出新东西，而否定却不能。

第二，人的一生是参与和分享的一生。当我们富有同情心时，我们就有了活力；当我们同他人分享生活时，我们就可以一直保持活力。只要我们对生活抱有兴趣，我们就能永葆活力。反面的例子也很容易找到：漠视导致无情。完全无情就会过乏味的生活，这样在肉体消亡之前，灵魂就已经被消磨殆尽了。

第三，人活在追求幸福的过程中。人从一降生就处在奋斗中并从中获取活力。自从美国《独立宣言》颁布以来，"追求幸福"就是现代社会的一项基本人权。追求幸福不只是一项个人人权，也是一项集体人权。我们所说的"美好生活"或"有意义的生活"是孔子教导我们追求的那种美好和谐的生活，人们应该在这种公共生活中发挥出其最大潜力。

当我们认真看待"追求幸福"时，我们往往会看到广大贫困者的不幸，并对他们的不幸感同身受。因为同情，我们进入了他们的生活，这样的同情是幸福追求的另一面。我们越有能力追求幸福，我们就越会对他人的痛苦感同身受。这就是人类生活的辩证法。

但是,"哪里有危险,哪里就有救赎"。救赎的力量如何壮大呢?我尽力向大家展现矛盾的相互转化过程:生命可以通过爱战胜死亡,极端对立可以转化为富有生机的差异,进而成为更高层次的生命与共同体形式。或者如杜维明教授所说:"和谐虽然承认冲突和矛盾,但它致力于将破坏性张力转化为创造性张力,从而激发这种紧张关系,使其走向更高层次的融合。"

最后,我想起德国哲学家弗里德里希·黑格尔,他是荷尔德林在图宾根大学念书时结识并一直交好的朋友。黑格尔在他1807年出版的著作《精神现象学》中,写下了一句话:"精神的生活不是害怕死亡而幸免于蹂躏的生活,而是敢于承当死亡并在死亡中得以自存的生活。"

生活需要真正的热心与用心,这样才能战胜恐惧和威胁。尽管面临种种威胁,但是真正的宗教精神都反映了对生命、地球及未来大为肯定的内容。这可以被称作辩证法的统一及生命的大和谐。

(本文根据作者在2010年北京论坛上的发言整理而成)

Wenshi
Pan

明智的伦理选择
安全穿越生存瓶颈的唯一指南

潘文石
北京大学生命科学学院教授。

无论人类的科学技术有多发达，商业资本有多丰富，现代人至今仍承袭着晚期智人自私和眼光短浅的天性，通过繁衍与扩张迅速膨胀自己的种群。在大肆掠夺地球上不可再生的资源和毁坏自然生态系统导致成千上万个物种灭绝的同时，人类自身也陷入了困境——正在穿越生存瓶颈。

一、人类的生存瓶颈

20世纪的科学给人类带来幸福生活的同时，也导致了人口爆炸。1900年世界人口数量只有16亿，至1999年增加到60亿，而这种增长的趋势仍在继续，目前全球人口数量即将达到70亿。人口多了，消费也就多了。

科学家用"生态足迹"来衡量人类为了满足自身生存需要而占有的生产性土地及浅海面积。1997年，一项对52个国家（或地区）"生态足迹"的研究的计算结果表明，除印度为0外，澳大利亚、中国等9个国家（或地区）的"生态足迹"有盈余，但美国、新加坡等42个国家（或地区）的"生态足迹"则呈赤字。如果按全球的年人均"生态足迹"计算，1993年的人均生态赤字为 0.7 公顷，1997 年的人均生态赤字则上升到 0.8 公顷。这预示着地球的承载能力正在迅速趋近极限。

如果按当前美国人的消费水平，那么 70 亿人将需要 4 个以上地球的资源；假如世界上每个人都愿意成为素食者，仅留一点点粮食给家畜家禽，那么全球的 16 亿公顷可耕地能维持约 100 亿人的生存。

假如土壤侵蚀和地下水抽取按当前的速度发展下去，江河湖海等的污染无法得到有效控制，人类继续朝过度消耗的社会发展，那么人类的食物短缺将是不可避免的。多数人的寿命只有不到 100 年的时间，我们必须小心谨慎地善待自身的生活环境。我们的子孙能否继续生存下去，能否过上安全和幸福的生活，这取决于人类能否在 21 世纪穿越生存瓶颈。

二、尚未完善进化的现代人

古生物学家把智人分为早期智人和晚期智人。

大约距今 20 万年前出现的早期智人，由于脑容量还较小（平均颅容量只有 1350 mL），种群数量也很少，因此只能使用简单的工具。他们在捕食其他动物的同时，也遭受其他食肉动物的捕食。因此早期智人对当时的生物多样性不构成威胁，而是与其生境中的动植物协同进化。

距今 1—5 万年前，智人在进化的道路上跃进到一个全新的阶段。由于脑的发育（平均颅容量已经达到 1500 mL），他们能制作出更精细的新工具。他们被称为晚期智人。种群的增长和使用先进工具大大提高了捕猎效率，人类正式拉开了与其他生物进行斗争和破坏生物圈的序幕。

当澳大利亚还没有人类的时候，便一直生活着许多巨型陆生动物，如最大体重可达约 250 公斤的恐鸟、大小如犀牛的巨袋鼠、小汽车那么大的独角陆龟等。但在第一批晚期智人迁入澳大利亚大陆不久，那些独特的巨型动物便几乎无一幸免地被猎杀消失了。

距今约 1 万年的晚期智人被称为现代人。现代人为什么会以如此无知和鲁莽的行为对待自己赖以生存的自然界？其根源需要我们追溯到人类本性的深处。这种本性是从旧石器时代直接继承下来的。近 5 万年来，从晚期智人到现代人都生活在一个小的亲戚和朋友圈子里。那些为了短期目标奋斗的人可以生活得更好，吃得更饱，寿命更长，也能生育较多的后代；而选择长远人生目标的人，则需要一种天生的无私精神，这种精神也有机会在人群中世代相传，但就人类演化的目前阶段而言，其 DNA 的突变及被环境选择的时间还太短，所以那些能体现长远目标及无私精神的可贵品质还无法在种群水平上集中地形成。因此，现代人在很大程度上依然秉承着智人祖先的本性，还是一个进化尚未完善的相对不变的物种。

三、寻找最佳的保护方法

近 30 年来，我领导北京大学的科研小组，通过集中研究三种中国独有濒危动物的求生策略，并根据它们所在地的自然历史和人类社区的不同情况，制定了保护它们及其栖息地生物多样性的方法，使它们得以逐渐走出困境，逐步恢复正常的生存状态。

（一）只有保住秦岭的森林，才能保住秦岭的大熊猫

我们通过集中研究，准确找到了秦岭大熊猫的"自然庇护所"，由国家下令停止砍伐森林并拨款安置林业工人；我们不断建立并扩大自然保护区的面积及至恢复整个秦岭南坡的荒原面貌，帮助保护区周边百姓自力更生，使其生活跨上新台阶。

1984年，我们进入秦岭南坡正在伐木的林区，开始研究"环境—大熊猫—人群"的复杂关系。

1988年，我们有两个重要发现：第一，秦岭中段南坡的自然力，使海拔1350米的等高线成为"森林生态系统"与"山区农业生态系统"的分界面。山区农业开发区被限制在此等高线之下，因此在此等高线之上宽广的中高山地区便成为大熊猫等数十种野生动物的"自然庇护所"。第二，虽然当时人类以森林工业的方式越过了分界面，进入了野生动物的"自然庇护所"，但由于陕西省长青林业局遵照国家的森林法进行采伐，维持了森林的永续利用并保证了林业职工的就业，因此我们提出了乌托邦式的主张，让"大熊猫和人在一个共同的环境中和睦相处"。然而到了1993年，长青林业局在经济利益的驱使下，采用了极其野蛮的生产方式，几乎把秦岭的林木砍光，满目疮痍的秦岭南坡有可能从此断送掉大熊猫的未来和山区人民的希望。我们必须背水一战，其胜负将在秦岭主脊的原始森林中一见分晓。

1993年10月，我们致信国家领导人，请求帮助缓解秦岭的

生态危机。数日后,得到时任副总理朱镕基的批示:"立即停止采伐,安排职工转产,建立新的自然保护区。"

1994年5月,长青林业局全线停止采伐。1995年成立了"长青国家级自然保护区"。我感慨这里的大熊猫或许有可能从此过上安定的生活。

1996年秋天,我结束了在这里长达12年的研究。当途经位于山区农业与"蛮荒世界"分岔口的华阳镇时,看到这个曾一度因作为木材集散地而喧闹的小镇,如今街市上竟空无一人,所有商铺、旅店、饭馆、邮局都关门闭户,我的喜悦心情一下子蒙上了忧伤和焦虑:我是不是做错了什么?

2010年,我们发现曾经遭受砍伐蹂躏的秦岭南坡已经发生了可喜的变化,自然生境和人类社区都得到了恢复:

(1)中高山地区的森林系统得到了恢复,象征不受人类束缚、代表荒野面貌的大型野兽,如大熊猫、羚牛、金丝猴及豹子等动物,已经能够在针阔叶混交林和针叶纯林的自然庇护所中自由活动;

(2)中低山地区的人类社区也在复苏,华阳镇的农民通过种植药材、饲养特产动物和经营生态旅游使生活跨上了新台阶,建起新瓦房,供孩子读大学;

(3)长青国家级自然保护区发挥其生态服务的功能,为周边人类社区免费提供了良好的自然环境。

北京大学的研究者们继续研究如何在大熊猫栖息地斑块之间建立起生境廊道,让南坡连接成为一个广阔的整体,更有效地保护大熊猫及秦岭山地的森林系统和其中的生物多样性,使其长久地维持野生的面貌，作为自然遗产地留给世界人民。

在秦岭26年的研究经历中，我所得到的最重要的启示是：自然保护运动是一项人类共同的事业，单靠少数人的热情和坚忍不拔的工作精神是不够的，必须把科学、政治、经济和伦理道德等各个领域的知识与力量整合起来付诸实践。

（二）先让老百姓过上温饱的生活，白头叶猴种群才会有希望

在贫困的弄官山地区从事保护生物学研究遇到的关键问题是：在提高贫穷百姓生活水平的同时，如何尽可能地保护当地的生物多样性。

1996年，我们为了寻找白头叶猴最后的种群，来到位于广西西南部的弄官山地区，研究"人口、土地和野生动物之间的复杂关系"。

这是一片被喀斯特石山环绕的贫瘠土地，自然生境遭到几乎毁灭性的破坏，春天见不到植物开花，田间找不到蛇和青蛙，但老鼠很多，白头叶猴濒临灭绝。同时我们发现，土地开垦达到了极限，农民每年的薪柴砍伐量大大超过了植物的生物量。人们除了拥有这一小片救命的土地便一无所有，在新增加的人口和艰难生活的重压下，陷入"贫困—开荒—偷猎"的恶性循环。

在这种情况下，弄官山地区自然保护的关键是，首先必须依靠政府帮助农民解决温饱问题，逐步改善他们的生活质量，然后才可能逐步恢复生物多样性。弄官山地区贫困状态的消除，首先依靠地方政府帮助农民改变农作物品种，用种植甘蔗取代原先的水稻、杂粮以增加收入；另一个重要的也是最关键的举措是政府

拨款帮助农民修建了沼气池，他们从此不需要再上山砍柴。从 2005 年开始，由于植物不被砍伐而能够完成开花—结籽—萌发出实生苗的生命周期，山区开始呈现出葱郁的景象，自然生境迅速进入恢复阶段。树多了，鸟类、蛇类和各种食肉动物的数量也增加了，害虫及鼠类的数量随之就减少了；农民在甘蔗地里不用或少用农药，不但清洁了环境，投入的成本也减少了，农民把原先用于砍伐和打猎的时间转移到对农作物的细心耕作上，收成也就提高了。与此同时，我们研究小组也在海内外朋友及民间组织的支持下，帮助农村社区修建了乡村医院、小学，实施了饮水工程和其他一些新农村建设的小项目来提升村寨百姓的生活质量。经过 14 年的努力，弄官山地区重获生机：北热带季雨林的生物多样性正在逐步恢复；白头叶猴的数量从原先只有 96 只（1996 年），增长至 660 多只（2009 年）；弄官山地区农民人均年收入从 1996 年的 300 元/年—400 元/年，增加到 2009 年的 1500 元/年—1600 元/年，目前已经有 30%—40% 的农户把节余的钱用来修建新的钢筋混凝土房屋以替代祖先留下的土坯茅草屋。《纽约时报》报道过这里的情景："拯救了一片村庄，保护了一群叶猴。"我们主要的基础科学研究工作由于有了地方政府及百姓的热情支持与帮助，在意料不到的时间内取得了意料不到的好结果。

"弄官山地区重获生机"的例子，对于改善广西居住在拥有超过 60% 本地土地面积的喀斯特石山区中的汉族及其他十几个少数民族的几千万人的生存方式具有参考价值。

(三) 力争经济发展与环境保护双赢

保护中华白海豚及其赖以为生的三娘湾浅海生态系统，最重要的是"政府—科学家—企业"的真诚合作。

在历史上，中华白海豚曾一度主宰着中国东南部沿海的大片浅海海域。但仅仅在最近的30多年间，它们就被世界自然保护联盟（IUCN）红皮书列为"濒危物种"。综观已经发表的关于这个物种的生物学信息，目前生活在广西钦州三娘湾的中华白海豚是最后一个健康的、有希望的地理种群，同时它们也正面临着残酷的现实。我们的研究内容是"海洋、海豚和人类社会的复杂关系"。

有三种相互关联的因素决定着这个中华白海豚种群及其所代表的生物多样性的命运：

一是大风江及三娘湾自然生态系统的健康就是此海区中华白海豚的健康。

二是北部湾经济发展所带来的环境压力就是此海区中华白海豚的压力。

三是北部湾经济建设的强度必须有封顶，自然保护才会有保底。

我们主要围绕钦州市的海域对中华白海豚进行不间断的研究。保护工作从伦理学开始。我们研究发现，北部湾中华白海豚的分布核心区就在钦州的三娘湾，同时这片海域所蕴藏的生物多样性时至今日仍然极其显著，具有极高的保护价值，但是它又面临着各种正在发生的和潜在的危机。钦州市作为新的经济发展区正处在大工业、大港口、大养殖、大旅游的建设热潮中。2004

年，我们发现三娘湾地区也被规划为工业开发区，这预示着未来的工业废物势必会把三娘湾作为垃圾桶，也必将断送掉中华白海豚的未来。我们向钦州市政府提出建议，为了长远的利益需要重新设计经济发展规划的蓝图。

2005年，政府调整了整个工业发展规划的布局，将有可能危及三娘湾潮间带生物多样性的工业区从东部浅海沿岸向西移动至西部深海区的海岸。

2009年初，我们向时任钦州市委书记反映：已经列入计划要在大风江修建的造船厂，有可能改变自古以来就形成的生态秩序而对中华白海豚和这片海域产生不良的影响。当年秋天，市委书记告诉我："这个可以引进38亿元人民币投资的造船厂项目已经被取消了。"

根据我们的建议，一家海外投资的纸浆厂虽然已经通过国家环评的排污标准，但主动再增加约3亿元人民币购入最先进的污水处理设备，将排污标准提高到接近零排放。

上面的这些事实让我们明白，发挥"政府、科学家和企业"的合力作用解决问题时，明智的伦理抉择可以统一认识——首先考虑的不是能不能做，而是应不应该做。我对钦州的经济发展和自然保护充满了希望，一个在可持续文明观指导下发展起来的新钦州应当满足这三方面的需求：有经济增长的社会才是完善的社会；有渔业生产的渔村生活才是幸福的生活；有能够激发人们智慧和灵感的中华白海豚自由地巡游在蔚蓝的海面上，北部湾才能成为一个安全的海湾，我们子子孙孙幸福快乐地生活也才能得到保障。

四、结束语

30年来，我们投身到全人类共同关心的自然保护运动之中：

促使我们发生最大变化的是明白了"人类无法孤独地行走于天地之间，人类必须与万物众生同生共存"。

我们看世界的视野开阔了——从自身的利益扩大到民众的利益；从本民族的利益扩大到全人类的利益；从我们这一代人的利益扩大到子孙万代的利益。

我们做事的方式更积极了，体会到单靠一己之力是不够的，只有用真诚合作的方式才能把为大众服务的理想付诸现实。

我们得到的最重要启示是：现代人正在迅速觉醒；依靠明智的伦理抉择和科学技术的不断进步，人类可以为自己绘制出可持续生存的蓝图，并能够谨慎地在21世纪有限的时间内引导自身及其他物种走出生存瓶颈；保护地球上大部分的生物多样性和争取人类继续过上较好的生活是一个可以实现的目标。

(本文根据作者在2010年北京论坛上的发言整理而成)

Peter Høj

变化的世界与人类的未来
能源、经济、气候难题

彼得·霍伊

澳大利亚阿德莱德大学校长,曾任南澳大利亚大学校长,时任澳大利亚昆士兰大学校长。

很高兴再次来到北京。我记得北京以前雾霾天比较多，但现在大多数日子都是"蓝天日"了。据我了解，这是因为在2013年，北京市决定基于科学证据推动一项雄心勃勃的五年行动计划，从而解决空气污染问题。北京关闭了燃煤发电站，禁止燃煤取暖，并尽可能改用天然气。北京各大高校的研究成果在这一转变中发挥了重要作用，而且这种研究仍在继续。研究成果的取得和落实，使北京的空气质量得到了很大改善，造福了上千万市民。

我们的世界正面临着一个两难困境。能源生产对于经济发展和人类福祉至关重要。我们必须加大对所有发展中国家的能源供应，才能消除严重的贫困和不利条件。目前，大部分能源仍需要靠化石燃料来提供。在我看来，"特权国家"不能剥夺发展中国家获得改善人民生活所需要的能源的权利。

问题在于，绝大多数专家认为，在没有碳捕获和碳储存的情况下，越来越多地使用化石燃料将导致严重的气候变化问题，并危及粮食和水的供应。发展中国家需要更多的能源，但如果它们选择从传统发电站获取能源，那么在这类发电站50年的使用寿命内将出现"碳锁定"效应。

那么，我们怎样在不进一步破坏气候的前提下，解决发展不均衡的难题？我提出了世界必须面对的三个关键问题。

一、三个关键问题

（一）停止争论，开始行动

不要再争论谁应主导的问题。实际上，所有国家都必须在本世纪末之前实现净零排放，而我们却还在争论如何分配责任。我们继续玩着一场地缘政治游戏，争论谁是最大排放国、谁应该首先减排。

举个例子，如果我们查看历史累计排放量，就会发现美国累计排放的二氧化碳占全球总排放量的 25%，达到 3990 亿吨。因此有人会说，美国的排放量最大，就应该承担最大的减排责任。

如今，中国的二氧化碳年排放量超过了美国，因此有人认为中国应该发挥减排的带头作用。

30 多年来，关于责任和行动的争论一直困扰着关于气候问题的辩论。20 世纪 80 年代，全球温室气体排放量约为每年 200 亿吨。为了防止危险的气候变化，我们花费了大半个世纪的时间想实现"净零排放"。如今，排放量几乎增加了一倍，但我们只有三四十年的时间来消除它们。就在我们无休止地争论谁应该先采取行动时，情况已经变得越来越糟糕。

比起统计国家层面上的排放量，我们更需要将这个问题与地缘政治分开，将二氧化碳排放视为每一个个体的问题，无论他居住在哪里。谁的人均排放量最高？数值一直在变化，但却指向美国、澳大利亚、欧洲、中东等国家和地区。在我看来，无论排放发生在哪里，我们需要识别的都是什么样的个人行为会导致碳排放。富人乘坐更多次飞机并拥有更多辆汽车。世界上最富有的10%的人口产生了全球近一半的碳排放量。富裕人口应该以身作则，因为他们有能力做到而且必须这样做。这包括加大研究投入以减少排放、改进现有技术，以及开发全新的能源发电技术。

（二）积极适应，减少排放

第二个关键问题是，所有国家都必须积极适应已经"锁定的"气候损害。现在许多专家表示，将气温升幅控制在2摄氏度以内只是一个乐观的想法。我希望他们是错的，但恐怕他们不是。即使只是为了接近这一目标，压倒性的共识也是我们需要立即、迅速地减少排放。与此同时，我们需要在气候适应能力方面加大投资力度。换句话说，我们不仅需要控制气候问题带来的损害，还要准备好积极应对极端洪灾、火灾、风暴和干旱等无法避免的气候灾害。这同样有赖于世界范围内的合作，而不是争论。

（三）共享低碳技术

第三个关键问题是，要与世界其他国家分享我们开发的低碳技术。这样做符合所有国家的经济利益。这意味着破除贸易和知识产权壁垒，否则将减缓我们部署低排放技术的步伐。

因此，不要说"如果我们在这项技术上取得进展，我们可能会将其出售给印度等国家"，而应更明智地认识到，到2050年，约30%的能源需求增长将来自印度。怎样才能在尽可能少的碳足迹的前提下生产能源？

如果我们仅将低碳技术的普及视为一种有利可图的交易，那么最需要这项技术的人，即世界上的穷人，将无法负担得起。在应对气候挑战时，我们必须记住，二氧化碳是一种可扩散物质，在发展中国家采用低排放技术也是对富裕国家及其公民福祉的一项投资。

在我看来，我们正处于这样一个历史时刻：我们现在作出或未作出的决定，将影响到人类未来的福祉。我们需要的是果敢的政治和企业领导，以及勇敢的个人行动。

在澳大利亚，我仍然听到有人说："我们的排放量只占世界总量的1.3%。即使我们将其减少到零，也不会对气候变化产生任何影响。"世界上每个国家、每个小镇上的个人都可以提出这样的论点。我们不能再这样说了。为了共同利益采取行动是一种体现领导力的行为。它为其他人提供了一个可供效仿的榜样。在很大程度上，社会就是建立在一个个微小行为之上的。

二、快速转换：小步快跑

目前，地缘政治力量正在使各国进一步疏远，而我们需要的是合作。如果我们能够同意解决这三个问题——停止争论、积极适应和共享技术——那么好消息是，一些大学已经开始进行国际合作，希望切实作出改变。

在各种全球排名中，包括北京大学、清华大学在内的中国的大学和包括昆士兰大学在内的澳大利亚的大学在环境研究方面均位列世界前20名。这个领域的全球顶尖大学已经开展了非常出色的合作，并准备好了解决方案。

我想举一个例子。昆士兰大学与清华大学、美国普林斯顿大学和印度几所大学开展了一项名为"快速转换"（rapid switch）的全球合作。我们正在寻找方法，以社会、经济和政治上可实现的速度帮助世界摆脱碳排放问题。我们是现实的。我们知道，我们不可能一夜之间停止使用化石燃料；我们也清楚，在这一转型过程中，我们必须使用污染最小的化石燃料。所以，问题的关键在于速度——我们能多快实现目标。我们正在深入思考，如何克服可能延缓这一转型的障碍——其中许多是社会和经济障碍，以及如何预测和避免一些可能导致我们的转型陷入困境的意外状况。

比如，要完成从煤炭向太阳能等新技术的转型，可能会产生意想不到的后果或遭遇潜在的瓶颈。例如，中国的燃煤电厂年发电量约为1000吉瓦。澳大利亚有21座燃煤发电站，发电量仅为中国的一小部分。如果全球气温上升2摄氏度，而我们又无法安全、经济高效地捕获和储存二氧化碳，那么许多燃煤电厂就可能不得不在其使用寿命结束之前关闭。这就有可能导致一些非常昂贵的资产面临被搁置的风险，并且很可能遭到在那里工作的人、代表他们的政客以及经营这些电厂的公司的抵制。如果快速发展的国家开始建造新的燃煤发电站（如果没有其他替代方案，它们有权这样做），那么我们就面临着将这些碳排放量锁定50年的危险。这些发电站一旦建成，考虑到其可能面临的被搁置的风险，转型将变得更加困难。因此，从长远来看，越早推行低碳技术，其成本就会越低。我们现在需要政治领导人拿出勇气，制定必要的政策来实现这一目标。这是可以做到的，历史会感谢他们。

三、结论

在气候变化方面,我们承担着共同的责任,也面临着共同的后果,因此我们需要分享解决方案。

人们常说,认识问题是解决问题的第一步。30年来,全世界都已经认识到这个问题,但尚未采取足够的后续措施。

大学已准备好帮助各国采取行动,但我们需要在政治层面获得政策支持。北京已经展示了政府政策与大学研究相结合是如何减少空气污染的。南澳大利亚州制定了到2030年实现100%可再生能源发电的目标,并且可能会更早实现。我所在的昆士兰州的目标是到2030年实现50%的可再生能源发电。昆士兰大学现在拥有约25万块太阳能电池板,发电量达70兆瓦,其清洁电力产量将很快超过我们从国家电网中获取的电力量。这不只是一种经济选择,我们这样做是为了提升我们在该领域的研究水平,并展现我们的领导力。

世界面临着巨大挑战。一味等待是不能解决问题的。我们所有人都必须以合作为理念,以研究为依据,以慷慨的国际精神为指导,立即行动起来。

尽管可能不是所有人都同意我的看法,但我希望我的子孙后代在回顾我们这一代人时,会很高兴地看到我们停止了争论,承担起了个人和集体责任,未给他们留下他们无法偿还的债务。

(本文根据作者在2019年北京论坛上的发言整理而成)

正确认识和把握碳达峰、碳中和

杜祥琬

中国工程院院士，中国工程院原副院长，国家能源咨询专家委员会副主任，国家气候变化专家委员会顾问。

感谢北京论坛让我和大家来做一次交流，我想就国家提出来的碳达峰、碳中和这个"双碳"目标跟大家谈几点认识，供大家参考。

最近，中共中央、国务院相继发布了《关于完整准确全面贯彻新发展理念做好碳达峰碳中和工作的意见》和《2030年前碳达峰行动方案》，为我们后来的一些配套政策的制定奠定了基础。今年12月8日至10日又召开了中央经济工作会议，特别强调"要正确认识和把握碳达峰碳中和。实现碳达峰碳中和是推动高质量发展的内在要求，要坚定不移推进，但不可能毕其功于一役。要坚持全国统筹、节约优先、双轮驱动、内外畅通、防范风险的原则。……要狠抓绿色低碳技术攻关。要科学考核，新增可再生能源和原料用能不纳入能源消费总量控制，创造条件尽早实现能耗'双控'向碳排放总量和强度'双控'转变，……要深入推动能源革命，加快建设能源强国"。以此为契机，我想给大家谈几点我的认识。

一、"双碳"目标的提出意义重大

"双碳"目标的提出宣告了中国绿色低碳转型的决心和雄心，

标志着工业革命以来形成的发展模式开始落幕，新的发展范式的兴起将创造人类新的现代化模式，为中国和世界带来可持续的绿色繁荣。它引领我们国家有步骤、及时地实施低碳转型，加强生态文明建设，推动减污降碳协同增效，使生态环境的改善由量变走向质变，实现高质量发展。"双碳"目标倒逼产业结构的调整，同时也及时抑制发展"双高"产业的冲动，推动战略性新兴产业、高技术产业、现代服务业的进步，拉动巨量绿色金融投资，带来新的经济增长点和新的就业机会，壮大绿色低碳产业。它能推进节能和提高能效，逐步优化能源结构，构建绿色低碳安全高效的能源体系，推动电力工业等各个方面的技术进步。可以说，"双碳"目标将带来新能源、新技术、新产业、新经济。总而言之，"双碳"目标是深刻推动我们国家的经济和社会进步的宏伟目标。也要看到，我国碳达峰碳中和战略面临减排幅度大、转型任务重、时间窗口紧等诸多困难和挑战，但通过积极探索、主动作为、加快推动技术进步和发展转型，可以实现高质量碳达峰和如期碳中和。因此，对实现碳达峰碳中和要保持战略定力。

二、对碳达峰的认识

碳达峰是经济增长与碳排放增长脱钩的拐点。这个点非常重要。我国经济还要不断地发展，但是经济发展到一定阶段，二氧化碳排放量也随之增大。

相关数据表明，发达国家在发展的初期，随着人均 GDP 的增加，人均碳排放量也在增加。我们国家现在还处于这个阶段的末期。但是发达国家发展到一定的时候，经济在继续增长，但是人均二氧化碳排放量不再增加，这个拐点就是达峰。现在中国也快到这个点了，2021年我国人均二氧化碳排放量是8.4吨，这个数字相当于欧洲、日本的水平，已经接近排放上限了。这是一个普遍的规律，就是到了某一节点，二氧化碳的排放达到峰值，不再增长。为什么达峰后，经济发展跟碳排放就会脱钩了呢？因为到那个时候，所谓的"双高"（高排放、高耗能）产业会得到很好的调整，再加上技术进步，我们的产业结构会更加合理。我想这是一个规律。此外，尽管美国、加拿大这些国家的二氧化碳排放量居高不下，但欧洲、日本这些同样达到了现代化的发达水平的国家，其人均排放、人均能耗始终保持在一个相对较低的水平——只有美国、加拿大的二分之一，这一点非常重要。所以，不能说美国模式就是发达国家的模式，发达国家的情况很不一样。我们要走一条在相对低排放的前提下，可以实现现代化的道路，欧洲、日本的经验可以供我们参考。

所以，有这样两条规律：经济和碳排放会脱钩——这是一个进步的标志；像美国那样的高碳排放不是现代化的必由之路，欧洲的情况就跟它非常不一样。

图1是我们国家不同时间点上的能源消费量和碳排放情况。21世纪初我们国家的碳排放量激增，排放量不断上升的阶段被称为陡坡期。而在2013年以后，已经进入趋缓期，虽然我们的碳排放总量还在增长，但是它增长的速度已经趋缓了。所以，我们通过努力和政策引导在2030年前实现达峰，不仅是必要的，而且是可能的。

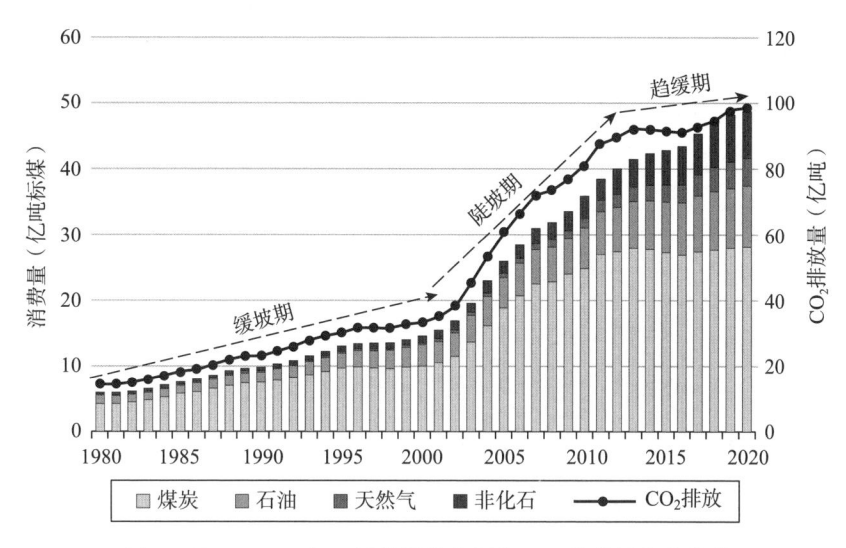

图 1　1980—2020 年中国能源消费量和 CO_2 排放量变化趋势

因此，碳达峰不是冲高峰，碳达峰是瞄准碳中和的。关于这一点，我想只需要把 2030 年前碳达峰跟国家提出的 2030 年前要实现的其他指标结合起来，就比较容易理解。比如，中国单位国内生产总值二氧化碳排放较 2005 年下降 65% 以上。只要把这些指标结合起来，就能够理解我们是通过碳排放强度逐步下降来实现达峰的，而不是要冲高峰。

三、应对气候变化

提出"双碳"目标，可以说是为了应对气候变化。这既体现了应对气候变化的共区原则（"共同但有区别责任"原则）和经济发展阶段的原则，又彰显了一个负责任大国应对气候变化的积极态度。正如习近平总书记所说："应对气候变化《巴黎协定》代表了全球绿色低碳转型的大方向，是保护地球家园需要采取的最低限度行动,各国必须迈出决定性步伐。""降低二氧化碳排放、应对气候变化不是别人要我们做,而是我们自己要做。"

从黑龙江的黑河到云南的腾冲画一条线,线条以东的国土面积还不到整个中国国土面积的一半,人口却占全国人口的90%以上。这部分地区的国土面积占不到全球陆地面积的1/30,而在这块土地上,每年消耗全球煤耗的50%左右。其单位国土面积消耗的煤炭,即煤耗空间密度是全球平均值的15倍。东部地区二氧化碳排放的空间密度是全球平均值的8倍。讲到这个空间密度,我想大家就可以理解为什么习近平主席强调"降低二氧化碳排放、应对气候变化不是别人要我们做,而是我们自己要做"。那么为什么会有这样的高碳数据呢?我想是以下四个因素的叠加导致的:第一,我们的人口密度高;第二,单位GDP的能耗高;第三,我们国家一次能源结构当中煤炭的比例高;第四,在煤炭的使用中,非发电燃煤比例高——接近一半,而煤炭应该主要用来发电,但是我们的非发电比例比较高。

因此,我们现在在煤炭消耗还比较大的这个阶段就实施低碳转型,可以使我们国家在能效方面获益更多。我们要在这个阶段把化石能源跟非化石能源协调互补,以更为绿色和高效的能源来保障能源的安全和环境的安全。所以,低碳转型和保障能源安全并行不悖。

四、重新认识我们国家的能源资源禀赋

一说到中国的能源资源禀赋,就很容易听到这样六个字:富

煤、缺油、少气。这个情况虽然属实，但是已经不能准确地描述我们国家的能源资源禀赋，这是会影响我们能源战略的重大问题。为什么这样说呢？因为我们除了化石能源，还有丰富的非化石能源，特别是可再生能源。只要太阳和地球存在，就有风能和太阳能，这些能源应该被看作我们国家重要的能源资源禀赋。而目前我国已经开发的可再生能源不到技术可开发资源量的十分之一。我们要向能源低碳转型，前提是资源基础是丰厚的，如果没有这个基础，我们谈何转型呢？当然我们现在能够开发光伏、风电，是因为成本下降了，技术进步了。与此同时，我们要高度重视生物质能、水能、地热能，还有余热和废热共同发展，特别是生物沼气。可以用生物沼气作为天然气的补充。在发展高比例可再生能源的同时，要强调多能互补，源网荷储一体化，"先立后破"，要把化石能源跟非化石能源的协调互补做好，构建新型电力系统，使之能够更加安全、高效、经济、低碳。

我们国家的中东部是电力能源的主要负荷区，这个地区的能源问题怎么解决呢？我们提出：要把"身边取"和"远方来"相结合，分布式和集中式相结合。所谓"身边取"就是中东部原来认为自己没有能源，实际上身边有很丰富的非化石能源，特别是可再生能源资源；要先把自己身边的能源开发好，不够的部分再从"远方来"，比如说西电东送。所以要强化"身边取"，强化分布式，不能光依靠"远方来"。这样才能提高中东部地区的能源自给率，这一点非常重要。

我们请了几个专家组做了计算，中东部地区是从"身边取"发1度电，还是从"远方来"（比如西电东送）发1度电更合适。

他们计算了各种因素，结果还是从"身边取"发 1 度电更经济、更安全。所以，我们中东部地区可以把"身边取"和"远方来"结合起来。这样我们就可以自产直销，寓电于民，而且跟储能技术结合以后，就会培养出一大批"产消者"。所谓"产消者"，就是无论家庭还是企业，不只消费能源，还能生产能源，比如光伏建筑一体化（BIPV），就是将光伏产品集成到建筑上。我们自己既用电还能发电，这样不仅提升了当地的能源自给率，增强了独立性、安全性，还缓解了高比例的可再生能源对大电网的冲击。

五、实现碳达峰、碳中和，有困难，更有机遇

从碳达峰到碳中和，发达国家少则用了四五十年，多则用了 70 多年，而我们国家只给自己预留了 30 年，也就是碳达峰 2030 年以后，要更有力度地减排才能实现碳中和。这显然是有困难的，而且很富有挑战性，但是这正好是我们新型发展的机遇。我们具体有什么困难呢？可以强调这几点：产业偏重、能源偏煤、效率偏低，而且在某种程度上我们对高碳发展产生了路径依赖，惯性比较大。但是，克服这些困难恰恰是补我们国家的短板，补我们发展的短板，落实新发展理念，实现新发展。特别是碳中和，更呼唤高质量的技术创新。什么是碳中和呢？碳中和是人为排放二氧化碳等温室气体的绝对量与人类活动增加的碳汇和碳吸收利用达到平衡。碳中和的实现需要很多新技术的支撑，除了可再生能源的储能、节能，还有绿氢、先进核电等，其中也包括受控核聚变，一旦取得突破就会有颠覆性的推动作用。

实现"双碳"目标是一个复杂的系统工程，也是一个科学的转型过程，受政策影响较大。在今后的几十年中，我们要把握好节奏，积极稳妥地发展，既要防止一刀切、简单化，又要防止转型不当带来落后和无效投资。总而言之，我们要把好事办好，才能有效推动经济社会的变革和进步。

我再总结一下前面所说，碳达峰是在我们发展高质量经济同时的达峰，是产业结构优化和技术进步导致碳强度逐步降低实现的达峰；不是攀高峰，也不是冲高峰，而是瞄准碳中和的一个达峰。而碳中和是我们国家经济社会发展新的引擎，我们要在这几十年里开创一条兼具成本效益、经济效益、社会效益的路径，这和我们国家要实现的第二个百年奋斗目标是同步的，是实现经济社会低碳转型和显著进步的里程碑。

我们在实现碳达峰的过程中，就应该开始做设计，这涉及下一步如何走向碳中和的顶层设计和路线图。"双碳"目标是完整、准确、全面贯彻新发展理念的体现，是基于我们国家的国情和对于人类文明进程新的觉醒提出来的目标，事关中华民族永续发展和构建人类命运共同体。碳达峰和碳中和是能源革命的两个里程碑，实现"双碳"目标是复杂的系统工程，是一个长达几十年的科学的转型过程，呼唤深度的管理创新、科技创新、金融支持和企业参与。

"双碳"目标会带来新投资、新技术和新产业、新交通、新建筑、新能源，总而言之是新的发展方式，会大力推动经济和社会进步，是实现经济、能源、环境、气候共赢的一件大事。碳达峰、碳中和应该说是时代的命题，是我们要参与的全球大考，这是一个全球问题，是从工业文明时代逐步走向生态文明时代的议题，是人类文明的赶考。中国要抓住机遇，不能落后。历史要我们考出好成绩，而考出这个好成绩要靠现在年轻的同志们，所以我特别要把这句话作为结语，送给北京大学的同学们：让我们大家共同努力！

（本文根据作者在2021年北京论坛上的发言整理而成）

Songchun Zhu

文明的走向
迈向人机共生的智能时代

朱松纯

北京大学讲席教授，北京大学智能学院院长，
北京大学人工智能研究院院长，
北京通用人工智能研究院院长。

今天，我很高兴能从通用人工智能研究的视角，与大家探讨人类文明的根基、演化、去向和未来，讨论与本次论坛相关的人机共生机制的认知基础和人类文明交流互鉴，以及如何在未来社会实现人机共存。

一、从通用人工智能角度看文明的本质

首先，我想从通用人工智能的角度，以数理建模的方式，解读人类文明的起源和信任的产生机理。

哲学中有这样的根本问题：我们是谁，从哪里来，要到哪里去。现代科学的发展，使对此问题的回答越来越清晰，从早期的物理运动、化学变化、生物进化，以及智能的发生、演化，最后归根到底又到了人类文明的发展过程。我们可以用图1展示人类文明进化的亿万年历史。

在这个持续演进的过程中，有很多次跳跃，也就是发生了质变。其中有一个非常有意思也很关键的问题：无生命的非智能体和有生命的智能体的边界在哪里？这个度量的指标在认知心理学领域叫作**生命度**（animacy）。

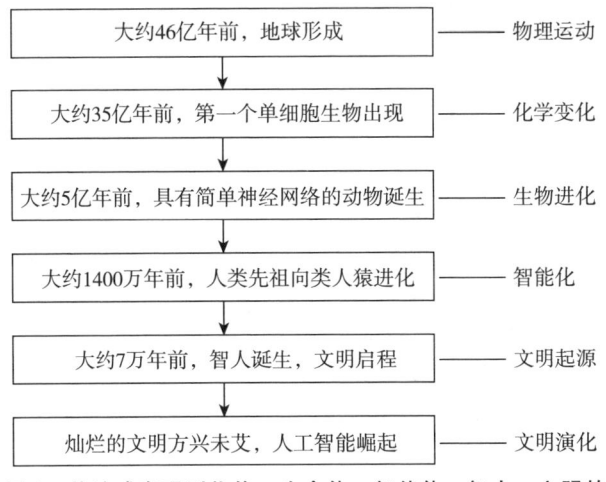

```
大约46亿年前,地球形成 ——— 物理运动
        ↓
大约35亿年前,第一个单细胞生物出现 ——— 化学变化
        ↓
大约5亿年前,具有简单神经网络的动物诞生 ——— 生物进化
        ↓
大约1400万年前,人类先祖向类人猿进化 ——— 智能化
        ↓
大约7万年前,智人诞生,文明启程 ——— 文明起源
        ↓
灿烂的文明方兴未艾,人工智能崛起 ——— 文明演化
```

图1 从地球出现到物体、生命体、智能体、智人、文明的持续演进的历程

我们先来做一个思想实验。想象两个小球在无重力环境中运动。如图2所示,当你看第一行图中的两个小球碰撞、弹开,你感受到的是一个物理运动现象,你可能想到的是物体的质量、动能、作用力以及运动轨迹等特性,或许理科生还会想到求解运动方程。但是,当第二行图中的两个小球开始一前一后"你追我赶",不断追逐、逃脱,你可能会从中读出一个"爱恨交织"甚至"惊心动魄"的故事。我们都能感受到,第一行的小球是"死"的,第二行的小球是"活"的,这是为什么呢?原因就在于第一行的小球碰撞是简单的物理现象,而第二行的小球运动有了自己的目标和追求,于是就变成了复杂的智能现象。非智能体的运动是机械的,是由各种力和相互作用驱动的,由一组势能函数 U 描述;智能体的活动是自主的,由价值函数 V 驱动。具有内在的价值函数,这是智能体和非智能体最本质的区别,是人的最重要特征,也是通用智能体的必然要求。

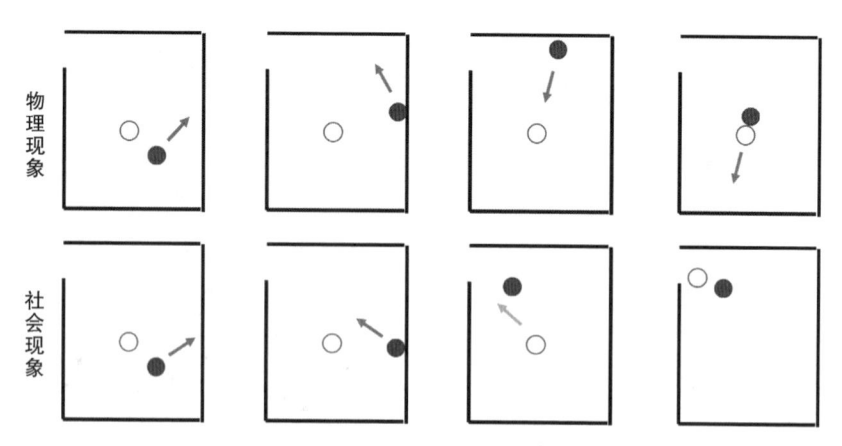

图 2　智能体与非智能体区别的思想实验

注：图中展示了仅有一个出口的无重力二维小室，其中有实心和空心两个小球。上半部分展示的是实心小球偶然受到了一个作用力后开始运动，其运动轨迹（包括同空心小球的碰撞）是基于物理学的相互作用和几何学的空间分布。下半部分展示的是实心小球自主地开始运动，精心选择初始角度，试图离开小室，而空心小球则挡在出口附近，防止实心小球离开。两个小球的运动轨迹同样是基于物理学的相互作用和几何学的空间分布，但还要有感知、意志，尤其是目标和价值体系。

在人类进化过程中演化出大量的先天价值函数。让我们展示几个发展心理学的实验。

善恶判断：分别向婴儿展示两组玩具。如图 3 所示，A 图中的正方形玩具在上面阻挡圆形玩具上坡（代表"恶"），B 图中的三角形玩具主动助推圆形玩具上坡（代表"善"）。之后让婴儿去自主选择一个玩具时（C 图），婴儿都选择三角形做玩具（选善弃恶）。

公平观念：在一项经过精心设计的实验中，A、B 两位阿姨给 12 个月大的婴儿分配玩具。A 公平地分配、使人人有份，B 不公平地分配。目睹了这个过程的婴儿会选择和 A 一起玩。

实验：8—12月大的婴儿选善弃恶

A. 圆形要上坡，
被正方形所阻止（恶）

B. 三角形助推圆形
上坡（善）

C. 婴儿都选择
三角形做玩具（选善弃恶）

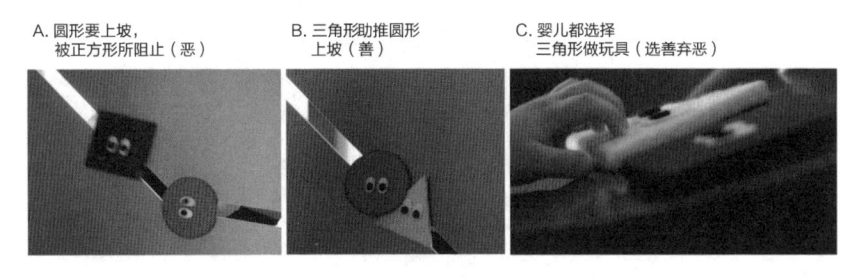

图 3　婴儿对善恶的选择的认知心理学实验

资料来源：J. K. Hamlin et al., "Social Evaluation by Preverbal Infants," *Nature*, 2007, 450 (7169): 557-559。

合作精神： 心理学家分别与人类幼儿、黑猩猩做游戏。实验选择了 24 个 18 个月大的幼儿，以及 3 只分别为 36 个月、54 个月、54 个月大的黑猩猩。操作者先拿着一摞书尝试放入关着的书柜，（假装）因双手持书而无法打开柜门，幼儿会主动上前帮忙，即使没有获得奖励。而在另一场景中，操作者向地上投掷物品，黑猩猩会主动帮忙拾回。结果表明，人类幼儿天生喜欢"合作"，相比之下，黑猩猩也有合作意愿，但能力远不如幼儿。[1]

从上面这些实验可以看出，不到 2 周岁的小孩已经形成了基本的价值判断。

当然，人类也有一些其他的价值取向是我们不得不面对的问题，比如在同一个实验中，研究人员发现小孩更倾向于和同一种族的人玩耍，即使后者表现出不公平的行为。这表明小孩对种族的认同大于公平正义。

---

[1] Felix Warneken et al., "Altruistic Helping in Human Infants and Young Chimpanzees," *Science*, 2006, 311 (5765): 1301-1303.

简单总结一下：我们刚才提到简单的物理运动，其理论基础都是所谓的势能函数 U 系统，其中各种力相互作用，由此导出一系列运动方程，甚至生物学中有一些蛋白质折叠也是由这种系统表达的；另外一套系统即人和智能体的运动，是被价值函数 V 驱动的，涉及大量复杂的价值体系，被用来刻画人和人类文明。势能函数 U 系统和价值函数 V 系统两套体系互相促进，互相影响。

U 系统和 V 系统也约略对应着我们中国古代的哲学思想，即理学和心学。在理学看来，理是万物乃至人类社会的根本法则，包含物理、化学规律以至于社会伦理，所以理学有一个说法——格物致知，是由外而内的主张，可以看作由 U 来规范 V 的形成。在心学看来，心外无物，心指内心价值，内心的价值可以导出伦理，具体提倡"知行合一""内圣外王"等，是由内而外的主张，这是由 V 导出 U。中国历史上最著名的哲学辩论之一鹅湖之会，就是关于心和理到底谁是主导，不过当时没有得出结论。

心与理不仅是东方哲学家探讨的核心问题，同时也是西方哲学家关注的基本问题。康德在首次出版于 1788 年的《实践理性批判》及其墓志铭上，都提到了"头顶的星空和内心的道德律"这两种东西。头顶的星空就是物理，而内心的道德律则含有价值判断。

那么，心和理到底是什么关系？我们基于通用人工智能视角，在这里简单地给大家做一个说明。

先说一下智能体和智能体的交流。今天有一个主题是交流，交流是同心的。我们的头脑中天生已经有了一个认知架构。为了简化问题，我们假设一个包含两个智能体的世界，可能是两个人、一个人和一台机器甚至两台机器。一个智能体先通过认知架构感知到了世界；同时，另外一个智能体从其他角度看这个世界，并产生了不同的理解；两者又猜测对方想到了什么，并映射到各自的架构中，"我知道你知道了哪些，你怎么看这个世界"，这是社交的基础。然后智能体形成了模型，你有你的模型，我还知道你的模型（比如我认为你承不承认进化论，知不知道太阳是太阳系的中心），这是交流的基础。进一步来说，你有对我的理解和你自己的决策函数，我有对你的价值函数、行为规则的判断等。由此，智能体形成了决策函数。

我们交流的目的是达到四个对齐。首先对齐共同的情景。比如气候变化，有人认为气候变化了，有人认为没变化，我们要达成一致的认识。其次是对齐常识，比如气候变化的问题是不是人造成的。再次是对齐共识，即怎样共同行动。最后一个对齐是形成共同的价值观。智能体通过交流能够实现这四个层次的对齐，从而实现互信。中国人认为，人和人之间、机器和人之间，都必须遵从这样的基本认知结构。在这个认知结构的基础上，才能够形成共同的伦理和道德规范。

以前我给大家讲过一件事，说的是中国人对道德的理解非常到位。什么叫道德？中国人用一个字能表述得非常清楚。这种表述是基于刚才讲的认知结构——"德"字：先写了一个十字，代表结绳记事，接下来是一只眼睛，连起来就是十只眼睛看着你，十目所视；中间一横是直的，代表做事符合大家的利益，大家都同意；左侧是双人旁，这在甲骨文里代表十字路口，暗示人们的选择，以及这种选择是否符合人群的道德规范。"德"字代表了中国古人一个非常有意思的观察。我们人的伦理道德随着时间和环境在不断演化，这是一个动态的过程，但中国的"德"字所蕴含的核心思想如符合大众利益、凡事出于公心，经得住时间的考验。我们必须要有这样的认知基础，人工智能也需要这样的公心。

在这个基础之上，不同个体的认知结构也能在信任方面实现对齐，进行深度合作。信任是一种心理状态，分为两层意思。第一层是对能力的信任，即某人是否胜任某项工作。第二层是对价值的信任，即你跟我是否一条心。前者叫合作关系，后者叫伙伴关系。更深层信任的形成，需要价值观的对齐。以上是我讲的第一部分，讲到了文明的基础，以及演化的基础。

二、从通用人工智能的角度来理解社会变革与文明兴衰

接下来，我们从人工智能的角度看社会行为的涌现。

人工智能研究可以从宏观尺度模拟整个社会系统，精准还原社会演变。比如，中国周朝时期的"八百诸侯会孟津"。随着周朝慢慢瓦解，到了春秋时期，形成几十个大的诸侯国。最后大家知道，从"春秋五霸"演变为"战国七雄"。这个过程可以用多智能体来研究模拟。Lu 等采用基于主体的建模技术（agent-based modeling），在考虑了关键因素（如权力、忠诚度、好战性和联盟等）的情况下，通过监测和收集数据，最终的模拟结果逼近历史真实：模拟的春秋诸侯国的存在时间是 295.04 年，而实际上春秋时期持续了 295 年。

我们还能用模型推测人类历史的所有可能性，估计文明统一

的机制。基于春秋时期的分析可以得到下面一些结论。首先，好战性缩短了弱国的生存期。在相同的好战性水平下，强国的生存期比弱国更长，特别是在好战水平性较高时。其次，联盟的概率延长了弱国的生存期。当联盟的概率高于 0.4 时，有 80% 的国家相连（结盟），并且国家的生存期将显著延长。再次，平均生存期似乎与战争成本呈负相关关系。当军事胜利的成本（W）从 1 增加到 8，或者失败的成本（L）从 9 增加到 15 时，所有国家的生存期都将缩短。然而，当 W>6 和 L>13 时，缩短趋势减缓，似乎不太明显。生存期随机会主义者数量的增加而缩短。最后，研究获得了忠诚国家和机会主义国家的生存率。随着系统中机会主义者越来越多（礼坏乐崩），机会主义者的生存机会增加，但忠诚者的生存机会减少。此外，该工作对世界体系的演化也具有潜在的重要意义。[①]

不仅如此，秦朝统一以后王朝的更迭，经济、人口的变化，也可以通过模型拟合。中国有一个词是"龙兴"，还有一个词是"气数已尽"，即使我们不知道龙、气数是什么，现在也有一个量的描述。

不只是中国，整个地球的文明形态也可以从通用人工智能的视角解析。2500 年前，即我国的春秋时期，世界形成了几大文明，这就是所谓的"轴心时代"。几大文明为何几乎同时产生，尚未有结论。但在不同的边界条件和生产力条件下，这些文明走

---

① Peng Lu et al., "History Dynamics of Unified Empire in China (770 BC to 476 BC)," *CAAI Transactions on Intelligence Technology*, 2022, DOI: 10.1049/cit2.12120.

向了不同的结局。我们也可以基于通用人工智能的视角去拟合东西方文明的边界和条件，看看它们是如何在不同的意志下走向不同的结局。

基于一定的行为规则，甚至可以模拟全球所有国家的进化动力学。特别是，可以模拟当前全球超级大国的生命周期，以及它们在世界中的动态相互作用。

以上对于社会演变的解读本质上是前面提到的 $U-V$ 系统理论。我接下来用这一理论简单分析下近代中国。

近代东西方的融合发生在 1840 年鸦片战争之后。1894 年中日甲午战争爆发，1898 年戊戌变法发生、京师大学堂成立，1911 年辛亥革命爆发，1919 年五四运动爆发，这一过程的本质，是国人面对家国沦丧、内忧外患后的痛定思痛、反躬自省。我们的现代科学，包括我们的现代社会科学，从某种程度上讲是建立在西方的哲学体系基础之上的，一直到 1978 年改革开放，我们的文化建设才迈出历史性步伐。再到今天，习近平总书记多次指出，当今世界正经历百年未有之大变局。

我们怎么解读今天的变局呢？我个人认为，在过去的 100 多年里，从五四运动以来，中国学习了西方的 U，所谓各种物理、化学、科学等，以及很多市场经济运转的规则，但东方保留了自己的价值函数 V，我们现在所讨论的文明冲突的一个根本原因。胡适在《中国哲学史大纲》中谈到东西方哲学冲突与融合的时代背景时，说："这两大支哲学互相接触，互相影响。五十年后，一百年后，或竟能发生一种世界的哲学，也未可知。"不光是每

一个体可以用 U、V 两个函数替换，国家、社会的伦理和价值，或者是理和心，同样符合 U-V 系统理论。文明也是这样，通过融合，我们的行为规范和价值函数达到统一和平衡。

东方和西方的根本冲突在哪里？我虽然是理工科学者，但我在美国生活了 28 年，在中国生活了 25 年，对东西方思想的理解有一些自己的看法。西方的价值观是宗教的，强调人与上帝发生直接联系，暗示个体的人权和平等。中国是一个礼俗社会，我们没有上帝这个信仰，考虑的是在现实社会中追求不朽。中国在 2500 多年前就已经提出了"立德、立功、立言"三不朽的思想。我们考虑的是我们的价值，从个体价值到人际关系的圈层，从家族到群体、集体的影响，这是中国价值的核心思想。东西方价值观不一样，使得我们现在讨论很多问题的时候，焦点就不一样。价值是文明的根基，东西方价值观的不同从根本上导致了近代以来东西方文明的碰撞、冲突。另外，西方人文思潮强调的是"人定胜天"模式，崇尚征服与兼并，这就奠定了人工智能威胁论的基础；中国传统思想彰显的是"天人合一"模式，珍视合作与共赢，倡导"人类命运共同体"，以此为基础，可能构建"人类与人工智能命运共同体"，让人工智能更好地发挥工具作用，这样就消弭了潜在的人工智能的威胁。

五四运动已经过去了 100 多年，未来我们将迎来新的百年。我国若要从跟跑转为领跑，应该从文明的角度转变战略思维。不能摒弃中国传统的文化与价值体系，不然就会丧失文明发展的根基，成为无源之水、空中楼阁。更不能故步自封，拒绝先进生产力与先进文化。我们应当立足我们文明的根基，与时俱进，基于中华文明内生的思想文化与价值追求去驱动社会长期进步，逐步形成相互适应、自洽的 U–V 系统。

未来的发展方向是，我们希望通过文明演化的动力学来研究过去，解读过去的历史，研究当下以及预测未来和元宇宙的模拟。立足现在，一个核心问题是探索社会治理与探索中国式现代化道路。最近北京大学联合武汉东湖高新区成立了国家首批智能社会治理的综合实验基地——北京大学武汉人工智能研究院。我们希望综合北大人文社科的力量和人工智能研究的力量，回答一些根本的问题：到底这个社会是怎么形成的？未来会怎样演化？成立研究院的核心目的就是希望能在社会级上模拟通用智能体，我们希望能构建多尺度、多维度的大型模拟系统。

我们在第一部分讲述的文明的本质和基础，一个自然的引申即为机器立心；现在我们谈社会，就是为天地立心。张载形容儒家的思想是"为天地立心，为生民立命，为往圣继绝学，为万世开太平"。什么叫"为天地立心"？我认为就是在我们这个世界的人类命运共同体里，要真正定义我们的价值函数。什么是公平正义，什么是善，这些根本性的问题，需要有一个比较量化的解读，不再是一个粗略的说法。什么是真正的公平，对谁公平，这是我们要探讨的一个根本问题。我们通过大数据等技术的手段，把各种关于地理环境、气候、人口、运动等方面的信息归结起来，就可以去模拟大到一个新世界，小到一个城市的管理，并从各方面来优化这个管理系统，为整个世界或者一个城市立一颗"心"。

三、文明的未来：东西方文明交流互鉴、人类与通用智能体共生

从蒸汽时代到电气时代、信息时代，直到今天的智能时代，大家一开始对人工智能可能对社会造成的影响和冲击有很多担心。但我要告诉大家，人类历史本身就是一部与技术革命共同演化的历史。随着技术的突破，新的社会形态不断演化出来。回顾前面讲到的，从物体到生命体、智能体再到智人的演进，未来还会出现新的形态，当然这里面根本的还是 U 系统和 V 系统两态。新的系统我们叫通用智能体，它可以是生物的人，像我们自己，也可以是机械人（机械人现在有很多，在材料方面有很多限制），还可以是虚拟人，比如人工智能播音员。2022 年被看作所谓的"元宇宙元年"。世界人口突破了 80 亿大关，未来我认为虚拟人的数目可能会大于世界人口数目，虚拟人可能比人还多，这是历史发展的一种可能性。当然，目前的虚拟人只是一个高级的皮影，是被人驱动的，它还没有通用的智能、自主的智能。我们希望未来它能发展成一个所谓的通用的智能体，是一个具有自主的感知、认知、决策、学习、执行和社会学习能力且符合社会人类情感、伦理道德规范的通用智能体。这个智能体也需要有与人类似的认知架构，有了这个认知架构可以自然形成道德观念。

我们把这个东西叫 TongAI，中国的"通"字包含了 A、G、I 三个英文字母（见图 4）。比如造这样一个人，他必须有通的能

力，即各种经历、视觉语言认知能力、数学能力、物理常识、社会常识等，这是一个智能体在一个虚拟环境中的演化。目前，北京通用人工智能研究院（简称"通院"）正在全力打造 TongAI 这一通用智能体原型系统。为此，我们依托通用人工智能操作系统 TongOS 和通用人工智能编程语言 TongPL 开展了一系列工作。

图 4 "通"

注：" 通 " 字右侧包含 Artificial General Intelligence 的首字母 A、G、I，其走之旁代表通用人工智能的赛道。北京通用人工智能研究院的这一 logo 展示了我们的目标。

例如，在 TongAI 体系中如何对通用人工智能进行评级与测试？就像依照发展心理学的理论，小孩出生之后，在 1 个月、5 个月、10 个月分别应具备什么能力？我们也不知道这个能力是怎么来的，但希望它具备这个能力，所以我们要对智能体进行评测，在 U、V 两套系统中测试这个智能体。通院的研究团队提出了一种通用人工智能的评级与测试系统——"通智测试"（TongTest）。该测试系统从视觉、语言、运动、认知、学习五个维度为通用人工智能体构建了从低到高的五个层级，同时引入了价值维度，定义价值驱动的决策和行为。不久将会发布《通用人工智能评级与测试》白皮书，尝试为通用人工智能提供可操作性的规范，推动形成标准化的、定量客观的通用人工智能评级和测量系统，为促进通用人工智能系统的研发提供一个参照系。

如何实现人类文明与 AI 的交流、彼此信任乃至合作？我在第一部分介绍了智能体的认知架构与交流机制，提到不管是人与人之间的交流，还是人与智能体之间的交流，都应该遵从这样的认知架构，通过交流学习实现四个对齐，只有这样才能形成良好的交流并取得相互信任，然后才可以进行深度合作。因此，未来智能技术发展的关键是构建通用智能体的认知架构，实现人和机器价值观的对齐，通用人工智能将是推动元宇宙以及未来文明演化的核心科技。

最后回到智能时代新的命题。我们还没有完全解决旧的问题，新的问题就出现了：当虚拟人、智能体的数目越来越多的时候，它们已经在影响我们的生活了，我们进入了这样一个人机共生的社会，需要重新思考人性、人文和文明。

但我想有一个好处，即通过计算的模型能更好地理解价值、伦理、信任、合作，可以把上述新的问题说得更清楚、更量化、更精准。殊途同归，我们也面临着同样的问题——构建人类命运共同体。

党的二十大报告提出促进世界和平与发展，推动构建人类命运共同体：

> 中国提出了全球发展倡议、全球安全倡议，愿同国际社会一道努力落实。……我们真诚呼吁，世界各国弘

扬和平、发展、公平、正义、民主、自由的全人类共同价值，促进各国人民相知相亲，尊重世界文明多样性，以文明交流超越文明隔阂、文明互鉴超越文明冲突、文明共存超越文明优越，共同应对各种全球性挑战。

面对未来人机共生时代的挑战，我们需要重新思考人性、人文和文明。智能科学通过计算的理论模型，提供了更加清晰、量化、精准的视角，帮助我们更好地理解价值、信任与合作。未来，北京大学的人文学科、社会科学学科、医学学科、工科等将共同从学术的角度回应时代关切，我们也期待着与全世界的学者共同探讨这个时代命题。

（本文根据作者在2022年北京论坛上的发言整理而成）

第四部分
大学的责任

北京论坛

Hiroshi Komiyama

文明的和谐发展与大学的角色

小宫山宏
日本三菱综合研究所理事长，时任东京大学校长。

能够有机会参加 2008 年北京论坛，并在钓鱼台国宾馆这个充满历史气息的地方，向各位尊敬的来宾发表演讲，我感到十分荣幸与喜悦。我还要对北京大学的工作人员表示感谢，是他们的辛勤工作使得本次活动得以顺利举办。

今年的论坛以"文明的和谐与共同繁荣——文明的普遍价值和发展趋向"为主题，将通过五个专题深入探讨我们如何实现人类文明和文化的和谐发展，保持其多样性并保护全球环境。

作为进行这一系列讨论的前提，我们首先必须认识到 21 世纪的一大趋势，那就是空间有限的地球正在日益缩小。其实直到最近，还是有人认为地球是无穷无尽的，拥有取之不尽的资源和无限的再生能力，认为人类活动对我们这个庞大地球的影响是微不足道的。

然而，急剧增加的人类活动正在压垮地球。相较于人类活动的增加，地球实际上正在因此而不断缩小。此外，从 20 世纪下半叶开始，随着全球化的推进，人员、资金和商品的跨国流动不断加速，人类拥有了前所未有的自由。更重要的是，信息实现了世界范围内的即时传播。比如，最近起源于美国的金融危机正迅速蔓延到世界其他地区。这个例子清楚地表明经济全球化已经真正实现，同样地，我们的文化、社会和学术活动也是如此。

现在，我们不得不面对这个有限的地球，因此需要面对诸如环境恶化、资源消耗等一系列严峻的全球性问题。其中最严峻的问题就是全球变暖，发达国家排放的二氧化碳正在导致全球的气候变暖，这亟须我们关注。

因此，在思考文明的和谐发展时，我们需要探索一种方式，实现人类文明与有限地球之间的可持续性和谐。

毋庸置疑，在文明的和谐发展过程中，一种文明或文化的繁荣不应以牺牲其他文明为代价。不同的文明和文化需要在相互理解和尊重的基础上和谐发展。

因此，在推动全球可持续发展时，我们应该牢记一个关键词——文化多样性。例如，目前人们提出了多种措施来应对气候变暖问题，这些措施是综合了多个专业领域的知识、具有普遍性的解决方案。然而，这些方案需要进一步整合，从而尽可能地适应不同地区的生态、社会和文化特点。

换言之，全球可持续发展必须以独特的整合方法来实现，这种整合必须适应不同地区的文明与文化。进一步而言，尊重文化多样性必须成为构建全球可持续性的基础。

那么，在这一过程中大学要扮演什么样的角色呢？首先，大学需要实现"知识结构化"，将零碎的知识以一种对我们解决当前问题有用的方式整合起来。其次，大学应该通过知识创新，在社会变革中扮演"驱动引擎"的角色。再次，我们应当把大学校园作为社会实验的基地。最后，也是最为重要的作用，就是在全球化大潮中保持文化的多样性。在阐述大学的四种作用之前，我首先想提醒诸位，我们今天面临的问题是复杂且相互关联的。

目前有一个正在发生的生动例子。为了应对全球变暖，很多国家在推动用生物燃料替代化石燃料，然而这却引发了一场严重的全球"粮食危机"。这个例子表明，解决一个问题可能会造成另一个问题，这导致我们难以同时在多个议题上有所突破，这些议题包括减少二氧化碳排放、建立与自然和谐共处的资源循环社会、消除贫困和保持文化多样性。

在解决这些兼具复杂性与关联性的问题时，除了传统的基础科学，我们还必须努力构建交叉学科和实践科学。

不幸的是，当今大学还没有真正准备好承担这项任务。20世纪学术与知识爆炸性地增长，要以综合、系统的方式与海量的知识保持同步是很困难的。因此，这不仅仅造成了学术研究的细分，更造成了它的门类化。很多研究者又回到他们自己独有的专业领域进行研究。由此，我们发现我们已经不能将所有有用的智慧和信息加以充分利用。

这让我想到大学的第一个作用，即实现知识的结构化。知识的结构化是一个过程，它将多个细分领域里的知识整合起来加以有效利用，以解决我们所面临的复杂且相互关联的问题。这一知识建构的过程，反过来又能促进国际上很多不同领域里学者的合作。

第二，我们需要打造一种被称为"知识创新"的新方式，从而推动大学与社会进行更广泛、更具前瞻性的合作，使大学成为学术、社会和经济变革的引擎。

目前，大学与政府、大学与产业界的合作以及其他各种形式的合作已经成为新知识生产的重要方式。在这些合作活动中，大学只是知识向社会传递的渠道，大学表现被动，没有发挥充分的作用。

虽然发展尚不充分，但"知识创新"是建立在大学与社会合作的基础上的，是一种兼具主动性与互动性，以行动为导向，具有自我创造属性的创新方式。

大学的第三个角色是充当社会实验基地。我指的是在与社会合作的基础上，大学校园可以成为可持续发展的实验站。

我本人曾以能源工程专家的身份，从学术角度研究环境问题。如今，作为东京大学的校长，我同样致力于创建一个具有可持续性的本地社区，从实际角度出发，以大学为中心推动这一项目。在这一项目中，依托与市民、地方政府和商业公司的合作，我们将一处校区作为实验基地，探索建立一个具有可持续性的未来城市。此外，我们已经启动了一项可持续校园计划，以减少二氧化碳排放。

大学扮演起实验场地的角色，就可以在充分考虑当地的自然、经济、社会、文化条件的基础上，创建符合当地特色的地区模型。通过检验实验结果，我们就可以将地区模型发展为全球模型。同时，这还可以用来帮助学生形成相应的态度并掌握相应的技能，从而在未来能够适应可持续性社会的要求。

最后，我们的第四项使命就是在全球化浪潮中保持文化多样性。迄今为止，在学术研究与教学领域，大学已经成为保护文化多样性的重要力量。现在大学需要进一步提升文化、社会和知识的多样性。

人们普遍存在一种误解，认为全球化需要区域文化与所谓的"全球文化"保持一致，从而使全世界的各种文化标准化。恰恰相反，随着全球化的推进，我们反而看到了地区多样性意识的觉醒。

大学之间的交流日益增多，校园中来自不同国家与地区的学生和研究人员也越来越多，这些人拥有不同的文化、宗教与语言背景。在这种情况下，大学不仅要对多元社会持开放态度，自身也需要接纳多样性。多样性带来合作与竞争的活力，这种活力在创造新知识的同时，也将赋予我们应对挑战的能力，帮助我们以更广泛、更灵活的方式，应对人类历史上从未经历过的挑战。

大学不仅仅是知识分子的微观世界，更应该是真实社会的微观世界。在这里，各种背景的研究人员和学生相聚一堂。只有这样的环境，才能培养出具有跨国和跨地区视野的人才。

接下来，我想谈一下网络的作用。目前，许多大学在学术和文化领域实现了校际交流。除此之外，在应对全球可持续性问题时，一所大学往往无法独立解决面临的所有问题，因此涉及不同学科领域的各种校际网络应运而生。

然而，为了使这些网络更有效地发挥作用，我们必须实现校际网络之间的联通，这就是所谓"网络化网络"的过程。通过建立这种网络化的网络，我相信我们有可能促进世界各大学之间的跨学科合作，并推动各地区文明和文化的发展，同时为全球文明和文化的发展作出贡献。

在这方面取得成功的关键是,"网络化网络"不仅要强化发达国家研究机构之间的联系,还要将发展中国家的研究机构囊括进来。

网络对于大学教育也非常重要。就在昨天,我们举办了东亚四大学论坛(BESETOHA)大学校长会议。"BESETOHA"是一个由日本东京大学、中国北京大学、韩国首尔大学和越南河内大学组成的校际网络。

在会议上,我们讨论了教育交流的议题。这四所大学利用现有网络建立了交流机制,目标是在形成地区内共同文化的同时,相互承认和尊重差异,努力弥补各自的不足。

四所大学都基于各自国家的情况,提出了自身在学术研究和教育领域的问题及解决方案。这为促进合作和建设性地解决东亚地区的问题打开了大门,这些成果在各大学的研究和教育项目中得到了应用。

我相信,构建"网络化网络"的尝试将有效实现不同网络间的联通,并将我们的合作成果传播到世界各地。

在论坛上,我们还举办了学生的小组讨论会。例如,去年四所大学的学生讨论了在东亚地区文化传统下,如何共同应对环境问题。大学需要培养具有全球视野的学生,这需要学生在坚持本地文化的同时,具有超越所在国家或地区的视野,从而更好地了解其他国家或地区的文化。

通过网络化方式加强学生间的互动,将有助于培养未来一代,他们将更有决心面对并解决那些跨国或跨地区的人类问题。

今天我谈了在地球日益缩小的前提下，要实现文明和谐发展，大学需要做什么的问题。在结束之前，我想简单谈谈 21 世纪的另一个突出问题，即老龄化社会问题。老龄化社会是文明进步的必然结果，是由医疗水平大幅提高和出生率下降造成的。我们必须准备好生活在一个有限地球上的老龄化社会里——这是文明进步带来的一种状况。这就是我们现在必须行动的原因。

本次论坛的举办地北京，拥有丰富多元的文化。本次论坛也为世界各国研究人员的交流与合作提供了难得的机会。我希望在这里进行的讨论将给世界带来丰硕的成果。

地球已经成为一个有限的实体，作为地球宇宙飞船上的同行者，让我们共同努力，创造一个崭新的可持续的未来。

（本文根据作者在 2008 年北京论坛上的发言整理而成）

Colin Lucas

发挥大学的作用
协调传统与现代之间的关系

科林·卢卡斯
曾任英国牛津大学校长、英国国家图书馆董事会主席。

今年论坛中的很多讨论都蕴含着一个主题，那就是过去200年间现代世界发展进程中"现代"与"传统"之间的冲突。在当代世界，这一紧张关系依旧存在。现代历史也清楚地表明，过去几个世纪的诸多变化是两者冲突的表现。此外，无论在过去还是现在，这两个词都被用来为对立的现象赋予积极或消极的价值。本次论坛的主旨敦促我们重新平衡对现代和传统的理解，旨在推动"文明的和谐"。

马克斯·韦伯（Max Weber）曾讨论了传统权威和现代法理权威之间对立的意义。在此，我不想总结自马克斯·韦伯时代以来理论家和学者们的不同观点，本次论坛的分论坛将会提供实例和分析。我想探讨的是，世界各所大学在缓解"现代"和"传统"之间的冲突中的重要作用。不过，在进一步探讨大学在这方面的作用之前，我想先分享一些相关的背景观察。

首先，"现代"和"传统"代表了历史和社会经济力量的紧张关系，幻想消除这种紧张关系是荒谬的。本次论坛并没有寄希望于实现这样一个不切实际的目标。实际上，社会学家告诉我们，每个社会组织中都是竞争与合作并存。这个观点也同样适用于全球人类社会的各种关系。的确，竞争驱动社会焕发活力，而合作使竞争转化为稳定的进步。因此，摆在我们面前的问题主要是如何减少竞争带来的消极后果，本次论坛选择将这种竞争称为"现代"与"传统"之间的竞争。

我的第二个观察点是"现代""传统""和谐"等词所代表的意群。我们十分清楚它们之间的区别，但每个词都暗含复杂的现象。比如，通常，我们在使用前两个词时会偏向一种特定含义。简言之，词的定义中加入了强烈的假设价值元素。因此，根据人们的态度，现代和传统被赋予了积极或消极的意义。事实上，没有哪种现象能完全用这种方式进行描述，因为没有哪种现象是完全有益或完全有害的。

这种偏见始于18世纪的欧洲启蒙运动。现代性代表了知识的本质、社会秩序以及政治、法律和社会权威的合法性等概念，这些概念与传统所代表的概念截然不同。启蒙运动主张真理的普遍性根植于自然法则，可以通过人类的理性来发现和验证；它宣扬人类社会应该建立在这种普遍真理的基础上；它强调个体在社会组织的目的和合法性方面的首要地位；它认为个体生而拥有权利，且人皆有之。这种主张与传统观念截然相反，传统观念认为社会秩序源于风俗习惯、继承地位、地方差异、长期形成的集体规则以及对社会目的和人际关系的宗教解读。这两种观点完全对立。

法国大革命牢牢地将善与恶的概念与冲突联系在一起。部分人反对革命者在普遍个人主义原则的基础上重组社会，革命者认为这些反对者是邪恶的，认为他们利用传统来维护一种制度主要是为了满足其私利。而反对者则认为革命者是卑鄙的，是利己的纯机械原则的推动者。双方都指责是对方导致了社会的不稳定、贫穷、黑暗和死亡。

这就是后来人们区分"现代"和"传统"孰好孰坏的道德感来源，即使这两个词在一个不断变化的世界中被用于描述不同性质的发展和对象。只有发生巨大的冲突时，这两个词之间的绝对对立才会出现；通常情况下，在变化中会有一种关于利与弊的微妙感觉。尽管如此，我们还是保持从积极的角度看待现代化这种根深蒂固的倾向。在过去两个世纪中，科学发现和技术发明推动了人类生存环境的巨大改善，并最终实现在全球范围内的推广。同时，这也验证了启蒙运动的论断，即人类理性将发现人类以及其他自然组织的普遍原则。现代化中具有破坏性的副产品（尤其是为了满足权力和剥削的欲望而产生的副产品）经常会引发异议和反抗，但我认为，至少对西方人而言，这些副产品并没有减少他们对现代化的积极看法。

全球化（当代用来描述现代化的词）给我们带来了新的关注点，让我们聚焦于有关意义、竞争与合作之间的平衡、对变革的价值判断等问题。这是因为世界在"缩小"，这种缩小带来了诸多影响：别处的事物涌入我们所身处的环境，知识的变革，新的政治和经济地理因素凸显，以及文化、个体和集体认同中的同质化趋势。与其说这是现代与传统的问题，不如更简单地说这是普遍相对价值和特殊或本土相对价值之间的问题。因此，一个迫在眉睫的新问题就是要处理好普遍性和差异性之间的关系。

因此，本次论坛的主题提出了一些核心问题：我们应如何理解复杂现象？我们如何在评价周围的世界时，剔除荒诞的因素和偏见？我们如何减少对合理性或价值的绝对主张？我们应根据什么来判定当今时代的一些替代方案是积极的还是消极的？我们如何理解加速未来发展的变革与当前一些根深蒂固的形式和价值观之间的关系？

正是这些问题让我想到了大学的作用。因为，这些问题都属于大学的核心业务。我认为，大学有三个基本功能。第一，大学通过研究来发现过去未知的新现象或新特性，或者通过发现已有知识的新意义、新内容或新应用，从而构建新的知识。第二，大学检验我们已有的知识，来确认其假设并验证其合理性。借用公共财政领域的一个术语，我们可以称其为"压力测试"（stress-testing），即对我们从祖先和前辈那里继承下来的真理和确定性进行测试。第三，大学将这些知识传递给下一代和当代社会。大学将知识教授给那些即将走向世界的学生；大学出版学术著作；大学以知识为基础，向政府和其他机构提供建议；在经济方面，大学为新产品和新企业的诞生作出贡献。

这是所有大学及大学中的所有学者的共同事业。尽管自然科学、社会科学和人文学科，以及它们内部不同的细分学科有不同的研究程序和研究对象，但所有学者都在从事基本相同的研究工作。他们通过理性的判断对数据进行检验，尽可能跳出原先的假设，根据证据建立模型并赋予其意义。这些检验本身就是基于公认的调查步骤和证据进行的。其中，有四点至关重要：调查者的中立立场；不预设结果；研究方法和证据公开透明，以便他人检验结论；最后，能够对结论及意义展开活跃、自由的讨论。这就是批判研究的实质。它向社会保证了大学提供的知识是准确的，或者说，在当时的条件下是无限接近真理的。

事实上，大学在很大程度上融入了其所处的社会。大学通过我所阐述的第三种功能为社会做贡献。它们可以恰当地满足社会需求。最近，我和我的同事杰弗里·博尔顿（Geoffrey Boulton）都提出，几乎所有地方的政府都对大学应该做什么样的工作产生了有偏差的看法。[1] 在此，我不打算展开讨论这个话题。今天我想要讨论的是当我们遭遇现代性困境，比如本次论坛正在讨论的困境，我们应该寻求大学的引导。因为只有在大学里，我们才最有可能找到经过深思熟虑的、基于证据的且不含价值判断色彩的结论。

当然，大学的阐释能力有一个明显的局限。从某种关键意义上说，尽管许多复杂的科学发现可以通过反复验证而得到论证，但知识是极其不稳定的。事实上，科学知识（包括大多数其他分支）是建立在一些基本假设上的大厦。这些假设时不时就会被彻底推翻。我们只需想想最近发现的中微子的飞行速度明显快于光速和"暗能量"对爱因斯坦的现代物理学理论构成的挑战。如果证据令人费解，测量手法不太可靠，那么这些知识的不确定性就会更大，比如本次论坛提出的问题。

我之前说过，我们面临的问题是普遍性和差异性之间的关系。大学对这两个方面都有深刻的思考，这是我们重视和学习全方位的大学活动的另一个原因。如果我说科学关注的是我们所处

---

[1] Geoffrey Boulton and Colin Lucas, "What Are Universities for?" *Science Bulletin*, No. 23, 2011: 2506-2517.

的自然和物理世界的奥秘，并且是以物理现象的普遍性为前提的，那么我希望我这样说没有歪曲科学。这反映在科学对"万物理论"（theory of everything）的探索上。然而，人文学科和社会科学是以差异性为特点的另一种复杂类型，它们是要去理解人类作为个体和社会人所具有的共性和差异。这些学科汇集了对将人联系在一起和将人分开的因素的思考、学习以及解释，致力于解决一些对社会稳定、良好秩序、创造力和灵感至关重要的问题。这些学科尤为关注作为人类的意义。所以这些学科从一些故事、观念和词语中寻找答案，它们能帮助我们理解自己的生活和所居住的世界，了解我们是怎样创造了世界，又怎样被世界所创造。这些故事、观念和词语表达了人们经历的情感和艺术形态，探索了道德和价值的问题。这些学科想要探究的是，在思想、情感和表达融为一体时，人类用来诠释自己的一种高度强烈和复杂的美，这种美让我们明白人类为何和如何以不同的方式表达自己的共同特征，以及不同个体、团体和文化的差异。从某种重要意义上说，这与特性（identity）有关，也与文化差异如何保护这种特性有关。

总之，如果我在一开始而不是在演讲结束时声明我不知道"文明的和谐"的秘诀，那样可能会更诚实。我有一些看法，但并非秘诀，其中包括：

首先，全球化进程无法逆转，它带来了巨大的好处。同时，全球即时性快速发展，虚拟世界不断拉近曾经相距甚远的人们，这使得竞争和破坏性冲突更具危险性。

其次，差异是必要的。差异之所以必要：一是在于它对整个世界起着纠正作用；二是因为它是人类的固有元素，是创造力的核心，没有它，全球利益的能量将会受损；三是保持特性是社会稳定和健康的基础之一。

再次，理解力至关重要。我们必须理解全球化不断变化的本质以及普遍性和差异性相互作用的本质。如果不理解这两点，我们就无法发现和减少可能出现的危险。我们还要理解，我们自己的文化中有哪些是正确的，哪些只是偏见或陈旧的观念。此外，如果我们要避免与其他文明产生不必要的冲突，我们就必须理解其他文明的思想和假设。理解使我们尊重他人，也让我们对他人持有一种现实主义态度，这是合作的必要基础。

复次，大学在所有这些方面都很关键。大学的核心活动包括寻求理解和创造适当且可靠的知识。大学本身就是全球知识体系的一部分。通过跨国教育及教师和学生的全球流动，大学为不同文化架起沟通的桥梁，增进了其相互理解。此外，将要引领社会的年轻人在大学接受教育，大学应向他们传授社会所需要的相互理解。

最后，文明的和谐不是一蹴而就的。创造未来的是年轻人，但为年轻人提供创造工具的是教育。有一点毋庸置疑：愚昧无知是通往恐慌、憎恨和毁灭的必然途径。

（本文根据作者在 2011 年北京论坛上的发言整理而成）

Gene D. Block

高等教育
促进国际理解的动力

毕杰恩

美国加州大学洛杉矶分校校长，环太平洋大学联盟前主席。

今天，我想谈谈席卷全球学术机构的一场深刻变革，那就是世界各地的大学之间越来越广泛的协同与合作。

首先，我想简单介绍一下自己。我把一生中的大部分时间都献给了学术研究——我曾经是学生，是科学家，是教授，现在我是加州大学洛杉矶分校（UCLA）的校长。学术界以外的人有时可能认为大学和学院会受困于自己固有的传统而抗拒变革。但根据我的个人经历来讲，这些想法只是假设而已。在21世纪，学术研究机构绝不会停滞不前。发现什么，教授什么，如何传授——这些都是大学生活的主要内容，永远在不断完善和改进。

作为一名神经科学家，我在研究中发现，每解答一个问题，就会产生一系列全新的问题。知识的扩展会进一步创造出更多的知识。正如在座的各位所熟知的，知识和思想是学术领域的财富。它们能够跨越时间的洪流，也往往不受地理边界的限制。长期以来，学术界一直是国际合作的动力源头之一，它跨越国界建立研究伙伴关系，在国家间输送交换生，让各国携手应对共同的挑战。下面我举几个例子，来阐述一下学术界及学术研究机构对世界事务产生的影响。

19世纪20年代，查尔斯·达尔文还是爱丁堡大学的一名大学生，与来自苏格兰和英格兰各地的地质学家、动物学家和医生一起学习。他还参加过美国鸟类学家约翰·詹姆斯·奥杜邦（John James Audubon）开设的系列讲座。几年后，这个年轻的英国人乘坐小猎犬号前往南美洲探险。他的这次旅程，永久地改变了我们对科学界的认知。

1901年，一位德国医生斩获首届诺贝尔生理学或医学奖，因为他参与研发了对抗传染病的血清疗法。他的研究伙伴中，有一位日本医生，后来在日本建立了诸多科研机构，并在庆应义塾大学建立了日本第一所医学院。

20世纪60年代初，美国加利福尼亚州新成立了三所研究型大学，其中包括加州大学圣迭戈分校。这所大学的第一任校长是物理学家赫布·约克（Herb York）博士，他参与了原子弹的研发。约克博士在其余生中，都大力倡导军备控制和禁止核试验。

可见，国际学术界运用软实力在世界舞台上发挥重要作用是有迹可循的。在我看来，若说这种作用在今天有什么不同，那就是院校之间学术交流的规模和效率发生了变化。世界各地的大学，包括UCLA都是如此。但是，请允许我多说几句自己最熟悉的大学，我想简要介绍一下UCLA目前的学术交流活动。就在此时此刻我们身处会场的同时，UCLA的学生们正在喀麦隆的热带雨林中收集数据，以进一步保护重要的自然资源。在哥斯达黎加，UCLA的一位教授正在研究猴类。他的研究正在改变我们关于动物如何学习和相互交流的认知。在南非，一名UCLA的学生创业者正在研究生产低成本太阳能灯，以取代有安全隐患的煤油灯。

当然，我必须指出的是，这种交流是双向的。此刻在北京，UCLA 的医生们正在与北京儿童医院以及福棠儿童医学发展研究中心的研究人员合作，努力改善中国患儿的健康状况、提高他们的生活质量，让他们更加幸福快乐。此外，2019 年，北京大学—洛杉矶加州大学理工联合研究所将迎来成立 10 周年纪念日。

在洛杉矶，UCLA 本部也举办了一个暑期项目，让近 100 名中国本科生走进 UCLA，接受我校教授开展的为期 10 周的强化培训。这次活动是为了帮助他们更好地为考取研究生做准备。我完全可以继续举出很多类似事例，但事实已经说明了一点：在当今世界，学术研究、大学学习以及这些学术活动成果的传播，是没有国界的。

在全球范围内是如此，在大学周边更是如此。UCLA 的活动并不仅限于校园的边界之内。在加利福尼亚州，无论一个社区在城市或农村，经济状况是贫穷还是一般，都很难不以某种方式受到 UCLA 研究项目和奖学金项目的影响。同理，在卫生健康、科技、工业、艺术领域等人们能想象到的几乎所有生活领域，都是如此。

同样以 UCLA 为例，我们可以再一次感受到这股力量，它正推动国际合作走上一个新台阶。我与 UCLA 的学生交谈过，他们都希望全面融入国际社会。作为未来的公民和领袖，他们不仅仅属于家乡或加州，更属于世界。

毫无疑问，这在一定程度上也是由技术发展导致的。20 世纪 70 年代初，当我从斯坦福大学毕业时，校园里只有一台 IBM 的 System 360 计算机。这台体型巨大的机器，被安置在一间专门的机房里。想要使用这台计算机，学生必须花费数小时在纸卡上输入程序。我们将卡片放进读卡器，然后作业请求就被放入待处理列表。我们得耐心地等上好几个小时，有时甚至要等上整整一个晚上，直到任务"运行"并打印出纸质结果。今天，穿梭于 UCLA 校园的学生们，口袋里就装着超级计算机，其运算能力比之前单独存放在专门的机房里的计算机强大千倍。只需要在智能手机的屏幕上滑动几下，这些学生就能去世界上的任何一个角落。这自然能满足他们的好奇心，并增强其与世界的联结感。

UCLA 的研究人员都明白，人类面临的许多挑战，比如气候变化，在本质上都是全球性的，因此需要开发全球性的解决方案。与此同时，探索新知识是现代大学的主要使命，新知识不是某一所大学、一个国家或一个民族的专利。知识的获取渠道正变得越来越"民主化"，这导致世界社会内部发生了结构性的变化。随着学生们对世界越来越好奇，研究之间的关联变得越来越密切，像 UCLA 这样的研究型大学应该开始意识到，必须适时努力，以更广泛地为全球受众提供服务。

两年前，UCLA 举办了一项名为"对抗抑郁症大挑战"（Depression Grand Challenge）的活动。抑郁症是对大脑健康危害最大的疾病之一，这项活动旨在通过大规模、多方面的努力，来共同抵御这种疾病。全世界有超过 3 亿人患有抑郁症。仅在美国，抑郁症造成的生产力损失就高达数十亿美元。在全球范围内，抑郁症造成的人类痛苦无法估量。在我研究脑部健康问题时，我惊讶地发现，人们尚未意识到抑郁症可能是人类的头号健康大敌。在 UCLA，我们觉得自己有机会也有义务利用手头一切资源来对抗抑郁症。"对抗抑郁症大挑战"包括一系列活动,其中最重要的,就是来自 UCLA 25 个系 100 多名研究人员进行的合作研究。这 25 个系的研究涉及精神病学、心理学、计算机科学、经济学和世界艺术与文化等。"对抗抑郁症大挑战"旨在彻底革新抑郁症的检测、诊断和治疗方式。抑郁症及相关疾病检测和治疗的新方法已相继问世,我们首先会将其应用于自己所在的社区。但我们的最终目标是,将自己对抑郁症的了解传播到世界各国,传播到世界上每一个校园、每一个社区。

事实上,我们已经开始了国际合作。这项"大挑战"的一名主要研究人员是英国人。他曾是牛津大学人类遗传学家,最近加入了 UCLA,从事这项 10 万人参与的抑郁症基因相关性研究。在抑郁症治疗方面,我们的首席心理学家来自澳大利亚的塔斯马尼亚,而我们正在建设的轻度抑郁症在线治疗方案,是由一位在澳大利亚工作的科学家开发的。

我想通过这个例子说明一种合作精神,这种精神让当今的国际学术界充满了活力。几乎所有的一流研究型大学,都在以这样或那样的形式面对全球性挑战,而它们也秉承着同样的合作精神,在进行互助协作。在合作中,这些大学既是研究机构,也是研究个体。世界各地的众多教授和研究小组不断开辟合作探索的新途径,让知识交流的网络成倍拓宽和扩展。

这种学术合作并不是什么新鲜事。早在 19 世纪,加州大学收到的首批大额捐款中,有一笔资金就是提供给亚洲语言研究的。1910 年,一项关于美国大学的研究预测:"一种新型大学即将产生,在加州已经出现了预兆";"未来的大学将是国际型大学,会比州立大学或国立大学规模更大、更有影响力"。

在之后的一个多世纪里,每过10年,事实似乎就更加印证了该预测的先见之明。现代研究型大学得以不断发展,就是凭借着国际化精神以及明确知晓学术协作和合作带来的软实力能对人类集体智慧的发展产生什么影响。我想,正是同样的精神让在座各位今天在这里齐聚一堂,承担起这项重要的使命。

但我们不能沾沾自喜。虽然国际学术界需要合作,但是国内也有需要做的工作。没有参与过国际合作的人,并不总是能理解这种合作有多重要。有人可能会批评我们说:为什么不把研究范围限定在自己所在的州或当地?为什么要接收外国学生?

我们需要回答这些疑问,需要让广大的人群知道我们的答案。我们必须倡导在全球范围内探索如何应对人类面临的挑战,并牢记,这可以探索出新的知识,有助于我们解决当地的局部问题。我们还需要告诉学术圈以外的人,如果在合理公平的基础上适当接纳外国学生入学,会让所有的学生都享有美好的校园体验。来自异国他乡的学生以全新的视角看待世界,这将会增进世界各国之间的相互了解。

对于年轻的加州人来说,外国学生是他们的同龄人,这些学生生长的环境又是拥有不同历史的国家,因而所持观点也各异。所以接收适当数量的外国学生可以创造机会,让他们互相交流学习。许多UCLA的学生受经济或其他条件限制,可能无法于在校期间出国留学。接收国际留学生将为他们弥补这种教育经历的缺失。这些经历将造福我们所有学生,让他们做好准备去融入一个日益紧密互联的世界,并在其中茁壮成长。

最后，我还有一点想说。50多年前，时任加州大学校长的克拉克·克尔（Clark Kerr）在哈佛大学做了一系列广为流传的演讲。从柏拉图式学院，到牛津和柏林模式，再到他称之为"多元大学"（multiversity）的高度细分的现代复合型大学，克尔在演讲中回顾了大学的演变历程。他认为，"多元大学"将成为今天大多数一流研究型大学所采用的发展模式。

然而，在他所处的时代，克尔所说的"多元大学"常常遭到误解——同样，今天的一些人也往往不能正确理解我们提倡的充满活力的国际合作型研究型大学。就像克尔在他的演讲中所说：

> 一些人不太能接受这种伟大的变革……但许多人也是能接受的……然而到目前为止，很少有人为此感到自豪……但是所有人都应该充分了解它。

同样，我认为应该尽可能广泛和深入地说明世界一流大学之间进行合作的好处和必要性，这是现在摆在我们面前的一项关键任务。

这是一股属于我们这个时代的向善的力量，需要得到所有人的理解。

（本文根据作者在2017年北京论坛上的发言整理而成）

Stephen Toope

在动荡时代建筑桥梁
全球大学的角色

杜思齐

加拿大高等研究院院长,时任英国剑桥大学校长。

我很荣幸有机会在北京论坛上发表演讲——尽管是以远程的方式。

常常有人建议，公开演讲者应该通过开篇引经据典来引人注目。所以，我打算引用英国小说家哈特利（L. P. Hartley）在他的小说《送信人》（*The Go-Between*）中的开篇："往事犹若异乡，他们在那里做的事情都不一样。"（The past is a foreign country; they do things differently there.）这句名言反映出记忆和历史的复杂性，就像那本书的主角们回望 50 年前发生的事情那样。最近我觉得这句话也很适合形容近期发生的事情。

2018 年 5 月，我曾与在座很多人一样亲临北大，参与了北京大学成立 120 周年校庆活动。如今，那一刻已经恍如隔世。事实上，我们现在更像是生活在另一个"陌生国度"。当然，我们如今的行为方式和当时截然不同。在过去，我们可以在国宾馆中的一个大宴会厅里面对面交流。那时，我们尚未步入这个破坏了应对全球共同挑战的合作关系的国际关系寒冬；那时，我们还可以面对面畅谈全球大学的未来。

尽管如今依然有各种限制，但我还是很感恩技术能够让我今天在此向大家发表演讲。我曾论及全球高等教育的变革与延续，但当时的我并不知道几年后的我们将面临一些世界上前所未有的巨变。我们的工作方式、社会化方式、交流方式都发生了变化。当时的我们也不知道，在我们有生以来的记忆中，真正意义上的整个世界将会第一次面临相同的紧迫威胁——之于我们的健康、我们的生存、我们的经济。

在过去几个月里，许多事情都已经发生了急速变化。但是，一些根本的事情并没有变。事实上，大学在新冠疫情暴发之前所面临的挑战至今仍然存在。如果要说有什么不同的话，那就是这些挑战（问题）比以往更为严峻：

大学如何为有效对抗传染病作出贡献？

大学如何为遏制气候变化作出贡献？

我们如何为保障全球粮食安全作出贡献？

我们如何为将我们的城市变成更安全、更智慧、更可持续的居住地作出贡献？

我们如何培养丰富多样的艺术环境？

我们如何利用新技术的力量造福社会？

我们如何利用新思想的力量造福社会？

开始回答这些问题之前，我们必须首先审视大学的角色。

我相信大学最根本的目的是服务并挑战我们当地的、国家的、全球的社会。剑桥大学的任务是"通过追求国际最高水平的卓越教育、学习和科研，为社会作出贡献"。大学通过各种方式回馈社会：

首先，我们为本地社群服务。例如，为当地提供就业机会或提供基础设施。

其次，我们还在国家层面服务社会。当然，无论是在中国还是英国，大多数人对我们的期望是提供教育机会，而我们培养的人才未来可能会成为政府的、市民社会的、学术界的、各行业的领袖。但是，人们同样期望大学能够助力有利于国家发展的重大发现。大学应该培养国家所需的学术的、专业的、商业的、公民的领袖。人们也期望大学能够培养将在未来几十年改变我们国家的企业家精神和求真思维。

在国家层面回馈社会还意味着参与在我们的实验室和教室之外产生影响的国家层次的对话。这些对话也许是困难的，但是大学就是直面最困难问题的地方。否则，我们就无法发挥为社会指明前路这一基本作用。例如：

我们如何确保我们的大学真正代表着存在于我们社会中的最广泛的人才并对他们保持开放，同时跨越社会、种族和经济的鸿沟？

大学在保证公民发声、为治理作出贡献的路径规划方面发挥着什么作用？

大学如何保证为关于我们渴望的理想社会类型的开放、真诚的对话持续提供空间，即便那些对话并不总是令人舒适的？

我校对于上述及其他议题的回应也为广大社会如何回应这些问题奠定了标准、提供了范例。但是同时，我们也更全面地——在全球层面上——服务和挑战社会。

我们面临的最大的问题是全球性的。就如我们最近（如此戏剧化地）看到的那样，没有一个机构、一个国家能够以任何方式独善其身，不受地球上其他地方发生的事情的影响。无论是了解阿尔茨海默病的分子基础，还是帮助政府制定更加平等、包容的经济政策，或是尝试开发抗击新冠病毒更精确的检测方式或更有效的疫苗，我们在北大和剑桥等大学中所做的一切都影响着全世界。在我的理解中，这是在最广义上服务和挑战我们的社会。

我想再多花点时间详细讲讲大学的另一个关键角色。我们正处于全球政治尤为复杂的时期。从前公认的国际关系范式不再被接受，紧张的局势正在加剧。

我们大多数人成长中经历的两极阵营对抗的世界已被取代，我们见证了一个利益交融、需要根据议题展开合作的世界的出现。在这个世界中，国家和政府间的合作更难实现，也更难维系。政治上的权衡取舍变得更为混乱和不稳定。

在这个世界中，我们常说的"二轨外交"，即公民、组织和其他非政府组织之间的非正式、非官方交流变得比从前更加重要。

大学是尤其适合实现"二轨外交"的地方。未来几年，我们可能会看到从贸易到安全各项议题上全球紧张局势的升级。而当地缘政治使国际合作陷入困境之时，学术机构在价值观和愿景上找到可以继续合作的方式便至关重要，因为全球性的挑战仍然存在，也将继续影响我们所有人。为了应对新冠疫情、气候危机等大问题，我们需要背景、观点和专业知识的多样性，而这些只能通过平等的、开放的伙伴关系来实现。

毕竟，这些便是如今知识生产的方式。独立研究员，甚至独立机构，都不再是能够为世界作出卓越贡献的可行模式。想想看：1905 年，爱因斯坦发表了四篇彻底颠覆科学家对空间、时间、质量和能量的理解的论文。他是独立作者。2015 年，确认了希格斯玻色子大小和特性的知名论文的署名则来自全球各地不同机构的 5000 多名学者。如今，科学研究领域的诺贝尔奖不再颁发给个人，而是授予团队。

知识创造是一项合作的事业。如果说剑桥大学已经为全球社会作出了贡献，那一定是因为它与全球伙伴高校自由地开展合作。南京就是其中一个合作成果尤为丰硕的地方。在剑桥大学—南京科技创新中心，我们与北京大学等高校合作，成立了合作创新培养基地。该中心孵化的学术合作项目将有助于"智慧城市"的发展——在"智慧城市"中通过技术实现可持续性生活方式，改善医疗条件，减少污染并更有效地利用能源。

过去八个月已经说明了为什么像剑桥和北大这样的大学比过去任何时候都更为重要。自今年 3 月以来，剑桥大学开展了超过 200 项关于新型冠状病毒传播、检验测试、疫苗开发，社会行为，健康服务承载力，对传染病大流行的公共卫生反应，新冠疫情对全球教育的影响，后疫情时代的复原能力等各类研究项目。整所大学都把研究重心转向如何更好地消除新冠疫情的短期和长期影响。这项重要工作反映了一个严峻的事实——不仅是剑桥大学，所有研究密集型机构都需要共同应对一个全球挑战。我们无法独力完成。

"没有人是一座孤岛。"剑桥大学最著名的诗人之一约翰·多恩（John Donne）写道。人是如此，全球的大学也是如此。没有什么能比一场全球传染病大流行更能揭示我们之间错综复杂的深刻联结，即便我们身处这个充满政治纷争的世界。无论我们是在剑桥还是在北京，新冠疫情都是无法逃避的现实。再优秀的、再完善的独立研究和教学机构都无法独自应对。

在资源日益减少、各种挑战日益增加和复杂化的今天，合作势在必行。也许在政治紧张关系不断加剧的背景下，合作变得更难实现，但是我们必须找到一种求同存异的方式，共同解决重大的全球性问题。找到应对全世界共同挑战的解决方案有赖于我们大学动员伙伴关系力量的能力。这些伙伴关系有助于我们重燃使命：服务社会，挑战社会。

如果说在这场大流行病的悲剧和悲痛中有什么有益的结果的话，那就是我们认识到，即使存在距离，我们之间的关系也比想象中更为紧密。

我们已经发现，并在充分利用各种创造性的方式将我们各机构的智力和人力资源汇聚在一起。

北京论坛的总主题是"文明的和谐与共同繁荣"。和谐的一个定义就是"一致或协调的状态"，它的一个古老含义是"身体各部位的一致"。当然，和谐在音乐中的定义是："同时响起的一串音符组合在一起，产生悦耳的效果。"无论是身体部位、音乐还是国家间，实现和谐都绝非易事。但是，即便我们承认人与人之间存在差异，和谐也始终应是我们渴望实现的愿景。有时候，在最具挑战性的音乐中，音符虽彼此不协调，但哪怕是在不和谐的状态下，也可以产生某种形式的和谐。

在这个日益不和谐的世界里，大学必须使个人之间和民族之间保持对话、学习和分享。在一个视野愈渐狭隘、虚假信息愈渐增加的世界里，大学必须继续为思想和知识的公开交流提供一个安全的环境。这正是世界各地的大学几个世纪以来一直在做的事情，即使在政治动荡的时期也是如此。我希望我们能找到一种方法，在未来几个世纪里继续这样做。

（本文根据作者在 2020 年北京论坛上的发言整理而成）

后 记

二十载时光转瞬即逝。对于人类文明史而言只是惊鸿一瞥，但就在这短暂的20年时间里，北京论坛的创办者、参与者和关注者却共同创造了不平凡的文化业绩——他们颇富远见地将论坛总主题确定为"文明的和谐与共同繁荣"，他们坚持不懈地对文明和谐发展的路径和目标进行探索，他们满怀信心地憧憬和追求着文明的共同繁荣将带给全人类无限的福祉和机遇。

20年来，北京论坛的成长与发展离不开教育部、北京市委市政府、北京市教委的关怀与指导。北京大学历届主要领导同志和相关工作负责同志都对北京论坛的工作给予了高屋建瓴的建设性意见，衷心感谢（按姓氏笔画排序）王博、王恩哥、田刚、朱善璐、刘伟、许智宏、李岩松、吴志攀、邱水平、何芳川、闵维方、迟惠生、张国有、林建华、周其凤、郝平、龚旗煌等学校领导的指导和支持。论坛的顺利举办也离不开校内各单位和北京论坛秘书处的通力协作，特别感谢（按姓氏笔画排序）王伟、王颖、亓立、乐恒、孙占龙、严军、李榕、杨文远、肖雪梅、吴璨、谷雪、邹鸣明、张琳、张豫、张丹阳、张玉平、陈振亚、屈珊珊、赵为民、赵卡娜、赵明阳、郝洁、祖丽娅、姚芹芹、耿琴、夏红卫、徐白羽、唐嫱、黄笑莉、崔岩、程唯、程郁缀、蔡丽蓉、潘庆德等各位同仁的辛勤付出。

20年来，韩国SK集团、韩国高等教育财团以及韩国崔钟贤学术院持续不断地为北京论坛提供资金资助和工作支持，见证并深度参与了论坛的成长。衷心感谢韩国SK集团全球董事长崔泰源、韩国崔钟贤学术院院长朴仁国、韩国高等教育财团前总长金在烈、韩国高等教育财团国际学术部前部长金泽、韩国高等教育财团中国办公室前主任康泰硕对北京论坛的大力支持。

20年来，北京论坛邀请了上百位国家领导人、外国政要、诺贝尔奖得主、世界顶尖学者作为特邀报告人和主旨报告人。他们来自20多个学科领域，代表了多元的学术背景和文化特征，也充分体现了北京论坛从跨学科角度对如何促进文明的和谐发展、推动共同繁荣的历史反思和现实关怀。我们从中精选了23篇报告，组织编写了这本《文明的和谐与共同繁荣——北京论坛二十周年精华集》。

在本书编辑出版过程中，学校党政领导给予了关心和指导，党委宣传部、政策法规研究室、北京论坛学术委员会、国际关系学院翟崑教授及其学生团队（吕婉琴、张泽飞、黄元叙、艾合丽曼·艾合买提）、区域与国别研究院翻译团队、国际合作部秘书处（林子桦、姜莹）等都为文章的整理和书稿的编辑提供了帮助。北京大学出版社对书稿进行了认真细致的编辑、审校，并给予了专业的指导和帮助，使本书得以顺利面世。在此一并致谢。

文明的和谐与共同繁荣，这是北京论坛向世界发出的声音——从这个20年，我们将执着而坚定地走向下一个10年、20年。

本书编委会

2023年9月